학교 체육의
놀라운 힘

학교 체육의 놀라운 힘

지은이   이태구 정진영 서광석 김소정
         황용석 박은경 이정석 이용진

초판1쇄 발행 2021년 2월 1일
초판2쇄 발행 2024년 8월 25일

펴낸곳 꿈엔들
펴낸이 이승철
편집인 이덕완
디자인 권재희

출판등록 2002년 8월 1일 등록번호 제10-2423호
주소   경기도 파주시 새오리로 339번길 22
전화   010-5201-4688   **팩스** 0303-0335-4860
이메일 hunykhan@hanmail.net

값 16,000원
ISBN 978-89-90534-28-6 43690

* 정성을 다해 만들었습니다만, 간혹 잘못된 책이 있습니다.
  연락주시면 바꾸어 드리겠습니다.

대한민국 최초의 체육수업 독서논술 플랫폼

학교 체육의 놀라운 힘

스포츠가 청소년에게 알려주는 10가지 삶의 가치

지은이 | 이태구 정진영 서광석 김소정
황용석 박은경 이정석 이용진

꿈엔비즈

● ● 머리말

1

여기 '창작 춤 수업'이 있다고 상상해 봅시다. 체육교과에 더 잘 어울리겠지만 다른 교과여도 상관은 없습니다. 학생들이 팀을 이루어 춤을 창작하고, 함께 연습하며, 급우들 앞에서 발표를 하는 수업입니다. 우아한 춤사위부터 어눌한 몸동작까지 중구난방일 겁니다. 수업 시간 내내 교실은 온통 웃음꽃이 필 테고, 생각만 해도 어깨가 들썩거리는 풍경입니다.

교사가 평가의 방식을 바꾼다면 '창작 춤 수업'은 더 활기찬 활동이 됩니다. 춤을 추는 행위(Do sports)에 대한 평가를 넘어, 타인의 발표에 대해 깊이 생각하고(Think sports), 깊게 토론하며(Discuss sports), 자기 생각을 글로 써내는(Write sports) 모든 과정이 평가의 기준이 된다면 수업에 참여하는 학생들의 성취도는 더 높아지겠지요. 춤, 더 넓게는 스포츠, 학교 교육과정으로 보자면 체육교과의 활동으로 시작된 수업이 독서와 토론, 논술과 글쓰기 영역까지 확장되는 순간입니다. 창의성이 발전하고 협동심이 늘어나며 열정이 높아지는 혜택은 굳이 노력하지 않아도 자연스럽게 따라오는, 요즘 학생들 말로 '개이득'입니다.

하지만 입시 위주의 교육 풍토에서 가당키나 한 일인지 의심스러울 겁니다. 어찌어찌 수업을 진행한다고 해도 정규 교과와 관련 없는 활동이 아닌지 주저하게 될지 모르겠습니다. 무엇보다도 교사들의 업무량이 과도하게 늘어날 수밖에 없으니 또 다른 부담으로 느껴질 수 있습니다. 그저 꿈인 걸까요?

현실에서 불가능해 보이는 이 수업은 일본 〈삿포로 가이세이 중등교육학교〉에서 실제로 진행되고 있는 일입니다. 이 학교의 체육수업에서는 실기 시간 후에 협동 학습 형태로 학생들이 토론을 합니다. 그리고 토론 주제에 따라 다양한 독서교육을 진행하고, 이를 바탕으로 소논문, 즉 창의적 글쓰기가 이루어집니다.

초·중·고등학교의 독서교육은 범교과적으로 인성교육을 가능하게 하고, 고도의 지적 능력과 삶의 지혜를 얻을 수 있음을 우리는 잘 알고 있습니다. 자유 독서가 아닌 정규 교과와 연계된 독서활동을 준비하고, 생각과 토론의 방향을 잡아주는 구체적 문제를 만들어야 하는 등 교사의 노고가 필요한 일이지만, 아래에 예시한 '사고 길라잡이' 문제를 들여다보면, 이런 수업 모델이 얼마나 의미 있고 효과적인 교육 방식인지 알 수 있습니다.

다양한 방법으로 사물을 감상하여 느낀 아름다움을 춤의 몸동작과 공간을 활용해 표현하라는 질문은 '춤 수업'을 통한 교육적 성취의 폭 넓은 영역을 생각하게 만듭니다. 이를 바탕으로 팀별 토론의 주제를 만들 수 있습니다. 아름다움이 무엇인지, 특정한 춤 동작으로 아름다움을 표현하는 일이 가능한지, 표현 활동이 사람에게 미치는 영향이 무엇인지를 묻는 질문 등이 그렇습니다. 한발 더 나아가 '관계'란 어떤 의미를 지닌다고 생각하는지, '순응'과 '동작'은 어떤 의미를 지니는지 묻는 질문은 수업 너머의 인문적 사고를 요하는 영역으로 확장되고 있습니다. 여기에 '창작 춤 수업'에 참가한 소감이나, 춤 기획부터 발표까지의 절차를 기술하고 조별로 협력하면서 느낀 점을 서술하라는 문제 등으로 마무리하면 매우 구체적이고 체계적으로 학습 성과를 얻을 수 있게 합니다.

2

이제 우리는 스포츠를 하는(Do Sports) 시대에서 보고(Watch Sports) 읽는(Read Sports) 시대로 바뀐 것을 압니다. 스포츠는 더 이상 운동장에만 머물지 않습니다. 학교 체육에 대한 새로운 성찰과 시도가 요구되는 시점이라는 의미일 겁니다. 선진 각국의 학교 교육에서는 고등학교 3학년 학생에까지 체육과목을 필수 이수과정으로 운영합니다. 학생들 모두가 스포츠 활동에 지속적으로 참여하도록 유도하고 있으며, 이들이 스포츠 활동을 통해 자기조절과 자기통제를 배우며 삶의 역량을 발휘하는 것을 교육의 방향으로 설정하고 있습니다. 학교 체육을 통해 배울 수 있는 협력, 공감, 회복력, 책임감 등은 스포츠가 신체활동을 넘어 다른 교과나 학업, 일상의 다양한 범위로 확장될 수 있음을 보여줍니다.

이와 발맞추어 우리의 학교 체육도 변화하고 있습니다. 학생들이 체육교육을 통해 경험해야 할 가치로 건강, 도전, 경쟁, 표현 등을 제시하며, 이처럼 다양한 가치가 새로운 체육수업의 방향으로 주목받고 있습니다. 직접 운동하는 것뿐만 아니라 스포츠 관람, 영화 관람, 그림 그리기, 시 감상도 스포츠의 가치를 경험할 수 있는 방법들로 인식되고 있습니다.

특히 지식정보사회의 교육 방향은 사고력, 문제해결력, 창의력을 키우는 데 힘을 쏟는 것이고, 그 실천 방법으로는 교과연계에 기반한 독서교육을 권장합니다. 인문 독서교육의 필요성이 떠오르는 이유입니다. 독서교육 활성화를 위한 다양한 노력이 없는 것은 아니었지만, 기존의 성과물인 「교육과정 연계 독서수업 사례(중등)」 교수학습 자료에 체육수업 적용 사례가 없는 점은 매우 아쉬움으로 남았습니다. 이런 상황에서 2020년 2월 경기도교육

청은 「2020학년도 경기도 학교 체육 활성화 장학자료집」을 통해 독서교육을 체육교과에 융합적으로 적용할 수 있는 교과연계 독서교육 프로그램을 개발하게 되었습니다.

학교 체육에서 진행되는 교과연계 독서교육, 즉 읽고 쓰는 서사를 통한 교육을 인문적 스포츠교육이라 부를 수 있습니다. 인문적 스포츠는 단순히 책을 읽고 독후감을 쓰는 학교 교육의 부수적인 역할을 넘어 교육프로그램의 중핵이 될 것입니다.

3

학교 체육수업에서 인문 독서교육을 바탕으로 글쓰기까지 실천하려면 청소년들 수준에 맞는 도서 선정과 이를 수업 상황에 맞게 재구성한 학습도구가 필요합니다. 본 책의 저자들이 참여한 〈좋은체육수업나눔연구회(http://cafe.daum.net/gPEcShareSociety)〉는 체육교과에 다양한 교수학습 자료가 개발되어야 한다는 필요성을 절감하고, 체육교육 현장의 수업 개선에 기여할 수 있는 자료를 만들기 위해 연구와 토론을 거듭했습니다. 저자들 일부가 교육청 개발 자료의 개발진이어서 기존 자료의 성과와 한계를 명확히 알고 있는 점도 유의미한 경험이라 할 것입니다.

저자들은 빌 브래들리(Bill Bradley)의 『나를 점프해(원제 Values of the Game)』를 선택하게 되었습니다. 시중에 출간된 스포츠 활동 관련 책들 중 『나를 점프해』의 내용이 지속적인 스포츠 활동 참가를 통한 역량함양을 부각하고 있다는 점과 현장 교사들이 체육 교과연계 독서교육 프로그램을 진행하기 가장 적합하다고 판단했기 때문입니다. 그렇게 개발된 최초의 체육수업 독서논술 플랫폼이 『학교 체육의 놀라운 힘 - 스포츠가 청소년에게 알려주는 10가지 삶의 가치』입니다.

『나를 점프해』의 저자 빌 브래들리는 올림픽 대표선수로 금메달을 획득하기도 하였고, NBA 뉴욕 닉스에서 활동하며 팀에 2회의 우승 트로피를 안긴 프랜차이즈 스타입니다. 그는 선수 시절 노조 대표로 활동했고. 선수 생활을 마친 뒤에는 정치인의 삶을 살았습니다. 미국 뉴저지 주의 상원의원으로 20년간 활동하며, 대통령 예비선거에 도전하기도 했습니다. 스포츠인으로, 정치인으로 미국의 저명 인사인 브래들리는 『Values of the Game』 『Life on the Run』『The Fair Tax』『Time Present, Time Past』 등의 책을 집필하였는데, 이 중 『Values of the Game』(나를 점프해)는 본인이 농구 인생에서 배운 10가지 스포츠의 깨달음을 10가지 삶의 가치로 재해석해 만들어낸 수준 높은 에세이입니다.

『나를 점프해』에서 제시하는 10가지 가치, 즉 열정, 규율, 이타심, 존중, 통찰력, 용기, 리더십, 책임감, 회복력, 상상력은 청소년의 인성교육 뿐만 아니라 학생들에게 필요한 삶의 역량이라는 측면에서도 중요합니다. 마이클 조던을 지도하며 시카고 불스의 전성기를 이끌었던 필 잭슨 감독은 "농구가 스포츠를 넘어 더 큰 교훈을 얻어가기에 완벽한 스포츠임"을 강조하면서, "빌 브래들리는 농구로부터 가치와 통찰력 그리고 지혜를 깨달은 사람"이라는 찬사를 보냈습니다.

『나를 점프해』에서 빌 브래들리가 소개한 농구와 관련한 10가지 가치들이 - 은퇴 이후의 궤적을 보면 - 그의 삶에 긍정적이고 발전적인 영향을 주었다는 것은 자명하다 하겠습니다. 학생들의 인성교육뿐만 아니라 협력과 인내, 자기조절의 가치를 배워야 하는 학교 교육의 중요성을 고려할 때, 우리의 학교 체육과 연계하기에 적합한 내용입니다. 그런 관점에서 『나를 점프해』는 독서교육을 통해 청소년들에게 스포츠 교육의 가치를 효과적으로 지도할 수 있는 도서로서 손색이 없다 하겠습니다.

이 책 『학교 체육의 놀라운 힘』은 학교 체육을 통한 독서·논술·글쓰기 교육을 위해 개발한 것입니다. 물론 기존에 없던 분야라 미흡함이 없을 수 없지만 학교 체육과 교과연계 독서교육의 현장에서 크게 활용되리라 확신합니다. 현장 교사들뿐만 아니라 학생과 학부모 모두에게 체육 교과연계 독서교육 프로그램이 활성화되기를 희망해 봅니다.

이 책의 활용법

이 책은 『나를 점프해』에서 제시한 10가지 가치를 기반으로 체육 교과연계 독서교육을 실천할 수 있도록 개발되었습니다. 프로그램을 충분히 활용하기 위해서는 기본 읽기자료인 『나를 점프해』를 먼저 읽는 것이 효과적이지만, 기존 도서를 읽지 않은 상황에서도 활용이 가능하도록 문제와 논술문항을 제시하고 있습니다. 이 책만으로도 스포츠를 통한 10가지 역량들을 심도 있게 학습할 수 있을 것입니다. 개발자가 제시하는 이 책의 특징은 아래와 같습니다.

첫째 열정, 존중, 책임감 등으로 구성된 자료 주제가 지속적인 체육 활동 참가를 통해 얻을 수 있는 삶의 역량들이어서 그 자체로서 학교 체육의 방향성과 일치한다.

둘째 모든 자료는 『나를 점프해』를 읽고, 생각하고, 쓰고, 토론하는 수업 내용으로 구성하여 인문독서 교육에 적합하다.

셋째 학생들에게 수업 참여 동기와 몰입을 쉽게 유도할 수 있는 영상(QR코드 또는 URL 링크)을 활용하였다.

넷째 규율, 이타심, 상상력과 같이 체육수업 시간에만 유의미한 요소들이 아니라 일상생활 속에서도 중요한 역량들로 구성이 되어 있다.

다섯째 서술형 및 논술형 평가와 연계된 문항 예시, 지도교사를 위한 출제의도와 평가기준이 제시되어 있다.

이 책은 열정, 규율, 이타심, 존중, 통찰력, 용기, 리더십, 책임감, 회복력, 상상력까지 총 10개의 가치들이 하나의 장을 이루고 있으며, 각 장은 3종류의 학습 문제와 1개의 논술형 문항이 있습니다.

각 장의 머리말에 해당하는 '생각 열기' '생각 풀기' '생각 보기' '생각 쓰기'는 해당 가치의 이해를 위한 사전 설명이자 단원의 학습목표라 할 수 있습니다. 각각의 장 안에는 유형 A, 유형 B, 유형 C의 프로그램이 있으며, 유형 A는 농구를 통한 가치 탐색, 유형 B는 스포츠를 통한 가치 탐색, 유형 C는 일상 속에 발휘되는 가치 탐색 영역입니다. 이어지는 논술형 문제는 해당 가치를 심도 있게 이해한 뒤 사고의 깊이와 폭을 확장하기 위한 문제를 선별하였습니다.

하나의 학습지는 한 차시 수업 분량으로 개발되었으며, 교사의 교육적 관점에 따라 다양한 조합으로 활용할 수 있고 변용도 가능합니다. 자체 교육 프로그램으로서 체육수업, 창체수업, 자유학년제수업 등에서 독립적인 단원으로 활용 가능하다는 의미입니다. 체육수업이나 스포츠 활동을 넘어 국어, 사회, 도덕 등 타교과에서도 본 프로그램은 활용 가능합니다.

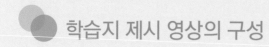

학습지 제시 영상의 구성

이 책은 총 10개의 장, 즉 열정, 규율, 이타심, 존중, 통찰력, 용기, 리더십, 책임감, 회복력, 상상력의 가치가 소개되어 있다. 학습지는 3가지 유형이어서 각 가치별로 3개씩의 학습지가 개발되었고, 이에 따라 학생들은 각 학습지에 연결된 30개의 동영상을 시청하고 주어진 문제를 해결한다.

저자들은 유튜브, EBS 등에 공개된 자료 중 농구, 스포츠, 삶으로 확장할 수 있는 영상을 4~5가지 찾은 후 회의를 통해 최종의 영상을 선별하였다. 영상을 활용한 학습지 활동뿐만 아니라, 영상 자체만으로 교육적으로 유의미한 자료가 될 수 있도록 선정하였으며, URL 및 QR코드로 인용하여 학습자료로 활용할 수 있게 하였다. 제공된 URL 및 QR코드를 교육자료로 활용하는 방법뿐만 아니라, 10가지 가치에 맞는 영상을 유튜브, EBS 등에서 검색하여 활용할 수 있다. 영상에 대한 저작권은 출판사 및 저자들에 있지 않으며, 동시에 영상 게시자가 영상을 삭제할 경우 URL 및 QR코드를 통한 접속이 불가할 수 있다. URL 링크 형태로 제시되어 있는 30개 영상들은 EBS 링크가 9개이고, 21개는 유튜브 링크를 사용하였다. 이들 중에 지식채널e 영상은 11개로 가장 많은 비율을 차지하고 있다. 저자들은 한국저작권위원회의 법률자문을 통해 저작권 규정을 준수하여 교사들이 본 프로그램을 사용하는데 어떠한 부담도 갖지 않도록 하였다. EBS 지식채널의 영상들은 로그인만 하면 무료로 이용할 수 있다.

가치	유형	제목	URL	QRcode
열정	A	너무 늦은 나이는 없다	https://youtu.be/9WBhLhzHCzk	
	B	서울대학교 야구부	https://youtu.be/qnEqd9mdXwU	
	C	행복한 오타쿠	https://jisike.ebs.co.kr/jisike/vodReplayView;jsessionid=sW9Sxxyz1ZC5Yo9AK5aC1xNX4u1qKK50fbohCR2Gb7QvISghVHmSLhu6FJNmIibZ.enswasp01_servlet_engine2?siteCd=JE&prodId=352&courseId=&stepId=&lectId=10192925	
규율	A	홀로 슈팅 연습에 매진했던 후보선수	https://youtu.be/DjJjh6yu2oo	
	B	마라톤을 완주하는 방법	https://jisike.ebs.co.kr/jisike/vodReplayView?siteCd=JE&prodId=352&courseId=BP0PAPB0000000009&stepId=01BP0PAPB0000000009&lectId=3076340	
	C	그녀와의 인터뷰	https://www.ebs.co.kr/tv/show?prodId=352&lectId=20196488	
이타심	A	영화 〈코치카터〉	https://youtu.be/5pT1QCAw-sk	
	B	팀 가이스트	https://jisike.ebs.co.kr/jisike/vodReplayView?siteCd=JE&prodId=352&courseId=BP0PAPB0000000009&stepId=01BP0PAPB0000000009&lectId=1177745	
	C	소방관의 마지막 헌신	https://www.youtube.com/watch?v=2jpkf-jRMbg	

가치	유형	제목	URL	QRcode
존중	A	4분 동안 20득점 한 자폐소년	https://youtu.be/Vx1SdP2TYoI	
	B	레알 마드리드 팬들조차 푸욜을 사랑한 이유	https://youtu.be/crq71-lbXCE	
	C	어떤 두 줄	https://jisike.ebs.co.kr/jisike/vodReplayView?siteCd=JE&prodId=352&courseId=BP0PAPB0000000009&stepId=01BP0PAPB0000000009&lectId=10990355	
통찰력	A	NBA 영원한 황제, 마이클 조던과 명언	https://youtu.be/jT48LrZ-OhA	
	B	88올림픽의 기적	https://youtu.be/PPyVKv7o0-0	
	C	남자의 이름은 2부	https://jisike.ebs.co.kr/jisike/vodReplayView?siteCd=JE&prodId=352&courseId=BP0PAPB0000000009&stepId=01BP0PAPB0000000009&lectId=10183831	
용기	A	'절박함이 만든 예술' 2탄 슈퍼맨 다이빙	https://youtu.be/KjYspNRgfuI	
	B	올림픽 정신	https://www.ebs.co.kr/tv/show?prodId=352&lectId=1177982	
	C	항상 갈망하라	https://www.ebs.co.kr/tv/show?prodId=352&lectId=3090781	
리더십	A	그는 선수들에게 농구를 잘 하라고 요구하지 않았다	https://youtu.be/nToQ65fpiCA	
	B	리더 웨스트브룩	https://youtu.be/zXj8zYNPWSY	
	C	기러기 리더십	https://www.youtube.com/watch?v=u9aGA6PYf_s	

가치	유형	제목	URL	QRcode
책임감	A	최고 연봉 스포츠 스타들의 훈련량	https://youtu.be/nk0UycvDIlw	
	B	도전하는 그대에게 호날두가 주는 명언	https://youtu.be/QokKvByQDEI	
	C	하루 20분 피아노	https://jisike.ebs.co.kr/jisike/vodReplayView?siteCd=JE&prodId=352&courseId=BP0PAPB0000000009&stepId=01BP0PAPB0000000009&lectId=10965475	
회복력	A	데릭 로즈, 아직도 건재한 NBA의 흑장미	https://youtu.be/5A6cgHKf1r4	
	B	박지성이 슬럼프를 극복한 과정	https://youtu.be/BkXWKTp54_A	
	C	실패가 두려운 당신에게	https://youtu.be/tLpfhASO0oE	
상상력	A	[세상에 이런 일이] 기상천외 묘기농구의 최강자	https://youtu.be/1ojeqalUwJk	
	B	위대한 혁명의 공통점	https://youtu.be/zTr1cDmghZg	
	C	남극에서 수영복 팔기	https://youtu.be/bGWKSuWH6Gk	

차 례

1장 열정

순수한 기쁨, 샘솟는 힘

생각
열기

샘솟는 힘이 어디서 나오는지 모르지만, 무언가에 끊임없이 몰두하는 사람들을 볼 때가 있다. 열정이 있는 사람의 모습이다. 과연 열정의 원천은 무엇일까? 그것을 확실하게 알 수는 없다. 하지만 열정을 가진 청소년은 자신이 원하는 분야에서 탁월함을 추구하는 사람이 될 것이다. 본 영상들을 통해 청소년들은 열정을 가지고 몰입하는 과정에서 자신이 행복할 뿐만 아니라, 이웃에게도 행복 바이러스를 전파하게 될 것이다.

샘솟는 힘

몰입

순수한 기쁨

인내

생각 풀기

열정(熱情, Passion)이란 무엇인가?
열정의 원천은 무엇인가?

생각 보기

학교스포츠클럽 활동 속에서 축구를 하는 중학생들을 보면 열정이라는 말이 바로 떠오른다. 아침 일찍 학교에 나가 연습하기도 하고, 점심시간과 방과 후에 공을 차기도 한다. 때론 주말에도 학교 운동장에 삼삼오오 모여서 축구를 한다.

농구가 좋아 40대에 농구를 시작한 어떤 중년, 1승 1무 265패의 창단 36년 차 서울대 야구부의 이야기, 좋아하는 애니메이션을 위한 두 남자의 긴 여정. 무엇이 이들로 하여금 이렇게 행동하도록 만드는가?

생각 쓰기

열정 있는 선수들로 가득 찬 팀이 경기에 돌입했을 때의 상황을 상상해 보라. 닉스의 날, 우리 팀이 경기에서 하나로 뭉쳤을 때, 즉 다섯 명의 선수들이 하나로 움직였을 때, 전과는 비교할 수 없는 기분을 느꼈다. 그때는 적절한 타이밍과 정확도로 모두의 힘이 완벽하게 혼합된 아름다운 우리들만의 순간이었다.

『나를 점프해』 '첫 번째 슛 : 열정' 중

순수한 기쁨, 샘솟는 힘

1 영상에서 주인공의 열정을 인상적으로 느낀 장면이 있다면 무엇인가요?

〰〰〰〰〰〰〰〰〰〰〰〰〰〰〰〰〰〰〰〰〰〰〰〰〰〰〰

〰〰〰〰〰〰〰〰〰〰〰〰〰〰〰〰〰〰〰〰〰〰〰〰〰〰〰

〰〰〰〰〰〰〰〰〰〰〰〰〰〰〰〰〰〰〰〰〰〰〰〰〰〰〰

〰〰〰〰〰〰〰〰〰〰〰〰〰〰〰〰〰〰〰〰〰〰〰〰〰〰〰

2 위 영상과 아래 글의 공통점은 '열정' 입니다.

> 슈팅 연습이 끝나갈 무렵이면 바닥에서부터 공, 손가락 끝 그리고 티셔츠까지 때가 묻지 않은 곳이 없었다. 수천 번의 슈팅 끝에 셔츠는 지울 수 없는 얼룩으로 물들었다. 나에게는 체육관 그 자체가 기쁨의 일부였다. 나는 만족할 수 없었다. 열 번 연속해서 넣으면 열다섯 번을 넣길 원했고 열다섯 번을 넣으면 스물다섯 번 넣기를 원했다. 깊고 정체를 알 수 없는 욕구에 휩싸였다. 탁

월함을 갈망하게 된 나는 체육관에 몇 시간, 몇 날 그리고 몇 년씩이나 남아 있
었다.

『나를 점프해』 '첫 번째 슛 : 열정' 중

❶ 내가 학교생활에서 열정을 가지고 있는 것이 있다면 무엇인가요?

❷ 영상 또는 글에서 타인의 열정 정도가 10이라면 ❶에서 선택한 자신의 열정 정도가
1~10 중 어느 정도인지 표시한 후 그 이유를 작성해보시오.

1 2 3 4 5 6 7 8 9 10

3 농구 모둠원들에게 스킬스 챌린지게임을 통해 기초기능(패스, 슛, 드리블)을 연습하려고 합니다. 모둠원들이 농구 기초기능 연습에 적극적으로 참여할 수 있도록 다양한 코스 및 미션을 구성해보시오.

 농구 스킬스 챌린지게임

바닥에 있는 공을 들고 출발한다.

1코스: 고깔 5개를 들고 출발한다.

2코스: 체스트 패스로 바닥에 놓인 고깔 3개를 차례로 맞춘다.

3코스: 정해진 구역에 가서 골을 성공시킨다.

4코스: 고깔 5개를 드리블로 통과한다.

5코스: 통과 후 바로 레이업 슛을 성공시킨다.

 농구 길라잡이 1

책, 인터넷 검색을 통해 (   )에 들어갈 말을 찾아보시오.

농구의 유래

　　매사추세츠의 인터내셔널 YMCA 트레이닝 스쿨에서 일하는 29세의 체육 강사 제임스 네이스미스가 1891년 12월에 이 신기한 경기를 제안했을 때, 그의 수업은 체조와 곤봉 던지기를 끊임없이 반복하는 지루한 시간이었다.

　　그는 남학생들의 반항적인 에너지를 활용할 목적으로 (복숭아 바구니) 2개를 3미터 높이의 체육관 발코니에 못을 박아 고정시켰다. 그리고 축구공을 가져다 놓고 몇 가지 기본적인 규칙을 알려주었다. 이렇게 해서 만들어진 경기는 축구, 럭비, 그리고 하키의 요소를 모두 결합한 새로운 실내 운동경기인 농구의 출발점이 되었다.

　　그는 수업에 참가하고 있는 모든 학생이 경기에 나갈 수 있도록 9명의 선수로 구성된 2개의 팀으로 나누어 경기를 진행시켰다. 이 최초의 농구 경기는 1 대 0으로 끝이 났는데, 체육관 관리인이 공을 찾기 위해서 사다리를 타고 올라갔다고 한다.

✏️ 논술문항

(가) 공 하나, 골대 하나 그리고 상상력 이외에는 그 어떤 장비도 필요하지 않다. 얼마나 간단한 기본 동작인가. 언제부터 나의 관심이 열정으로 바뀌었는지는 알 수 없지만, 그건 내가 매우 어릴 때였고 그 열정은 절대 사그러들지 않았다.

(나) 슈팅 연습이 끝나갈 무렵이면 바닥에서부터 공, 손가락 끝 그리고 티셔츠까지 때가 묻지 않은 곳이 없었다. 수천 번의 슈팅 끝에 셔츠는 지울 수 없는 얼룩으로 물들었다. 나에게는 체육관 그 자체가 기쁨의 일부였다.

(다) 나는 만족할 수 없었다. 열 번 연속해서 넣으면 열다섯 번을 넣길 원했고 열다섯 번을 넣으면 스물다섯 번 넣기를 원했다. 정체를 알 수 없는 욕구에 휩싸였다. 탁월함을 갈망하게 된 나는 체육관에 몇 시간, 몇 날 그리고 몇 년씩이나 남아 있었다.

(라) 혼자서 하는 연습에 대한 열정은 팀과 같이 하는 즐거움에 필적했다. 또한 끊임없는 팀플레이의 시도는 나에게 무한한 즐거움으로 다가왔다. 수비수의 모든 시도에 대한 과감한 역습을 시도한다. 경기의 흐름 속에서 이것을 알아차릴 수 있는 감각은 꿈을 현실로 만드는 지름길을 의미한다.

〈출처: 『나를 점프해』 빌 브래들리 지음, 이태구 옮김〉

재능이 먼저일까? 노력이 더 중요할까?
스탠포드대학교의 심리학자 콕스는 위인과 일반인을 구별하는 성격 특성에 대해 연구했다. 100명의 위인으로부터 67가지 성격 특징을 도출했다. 그리고 이 67가지를 일반인들의 특성과 비교해 보았다. 놀랍게도 위인과 일반인 사이에서, 4가지 성격 특성을 제외한 63가지에서는 거의 차이가 나타나지 않았다. 4가지 지표는 두 가지로 압축할 수 있는데, 바로 열정과 끈기였다. 위인들의 '그릿' 수치는 압도적이었다. '열정'은 쉽게 말해, 단순한 변덕으로 눈앞의 과제를 포기하지 않는 집념이다. 새로움에 혹해, 현재 하는 일을 제쳐두고 다른 일을 쉽사리 시작하지 않는 것이다. '끈기'는 의지력과 인내심의 정도로서, 한번 결정한 사항을 조용히 밀고 나가는 '진득함'이다. 엔젤라 더크워스는 말한다.

"저는 재능이 불필요하다고 말하는 것이 결코 아닙니다. 지속적인 열정과 끈기를 가지고 노력하지 않을 때, 재능은 그저 발휘되지 않은 잠재력일 뿐입니다. 노력 없이는 기술을 익히는 것도, 성취도 불가능합니다. 순간적인 열정의 강도보다 중요한 것은 시간이 흘러도 한결같은 '열정의 진득함' 입니다. 바로 '끝까지 해내는 그릿(GRIT)' 입니다."

〈출처: 『GRIT』「순간적인 열정 아닌 지속되는 열정」 엔젤라 더크워스〉

❶ 제시문 A 의 4가지 지문 중에서 가장 공감되는 지문을 선택하고, 선택한 이유를 자신의 경험과 연결하여 구체적으로 서술하시오.

별도의 논술 답안지에 작성하시오

❷ 제시문 B 의 핵심 내용을 한 줄짜리 슬로건으로 제시하시오.

❸ 제시문 B 의 슬로건을 주제로 자신의 꿈을 이루기 위한 청사진을 구체적으로 제시하시오. (청사진: 미래에 대한 희망적인 계획·구상)

별도의 논술 답안지에 작성하시오

1. 제시문의 사례를 통해 자신이 생각하는 열정의 의미를 깊이 있게 생각해 보고, 자신의 경험 속에서 스스로도 감지하지 못했던 열정을 다시 한번 상기시켜 의미를 부여해 볼 수 있다. 농구에 대한 경험으로만 한정 짓지 않고 다른 스포츠에 대한 경험으로 작성할 수도 있다.

2. 제시문 A 가 열정을 농구의 사례로 보여줬다면 제시문 B 는 열정의 올바른 방향성을 제시해주고, 갈수록 재능에 비해 노력이 경시되어가는 현실 속에서 균형 잡힌 시각을 가질 수 있는 근거를 제시한다. 또한 열정의 지속성이 중요함을 인지하고 자신의 꿈과 연결하여 구체적 계획을 세워보는 기회를 제공한다.

채점 평가 기준

1. 열정에 대한 이해를 바탕으로 자신의 경험을 구체적으로 제시하였는가?
   평가 열정에 대한 자신의 경험을 찾아냈는가에 중점을 두며 이를 구체적으로 묘사하여 서술하였는가로 논술 문제의 완결성을 평가한다.

2. 열정의 지속성을 이해하고 자신의 꿈을 이루기 위한 계획을 연결하여 구체적으로 논술하였는가?
   ① 제시문의 핵심 내용을 파악하여 한 줄로 요약할 수 있는가?
   ② 자신이 세운 슬로건과 연결하여 미래에 대한 구상과 계획을 구체적으로 서술하였는가?

유형 **B**

순수한 기쁨, 샘솟는 힘

1 영상 안의 서울대생은 왜 야구를 할까요?

2 열정이라는 주제로 마인드맵을 만들어보시오. (모둠활동)

3

다음 글에서 '행동이 없는 열정'의 의미를 작성하고, 앞으로 체육 활동 중 열정을 쏟고 싶은 운동과 구체적인 실천 목표 및 계획을 세워봅시다.

행동이 없는 열정은 진정한 열정이 아니다

처음에는 그저 자유롭게 라이딩을 다니고, 일흔 셋의 나이에도 자전거 일주를 했다는 것을 그저 자손들에게 알리고 싶을 뿐이었다. 그런데 그렇게 한 걸음을 내딛고 나니, 더 많은 사람들에게 자전거의 즐거움을 알리고 싶은 욕심이 생겼다.

나는 그런 상태를, 새로운 나를 발견한 후 열정을 방출하는 단계라 표현한다. 행동 없이 말로만 떠드는 것은 진정한 열정이 아니다.

나는 사람들이 자전거에 새로운 열정을 품기를 바랐다. 실제로 사람들은 우리의 시도를 의미있게 지켜봐 주었고, 작은 변화들이 이어져 어느 순간 자전거 타는 문화와 새로운 사회적 분위기를 낳았다.

『자전거 타는 CEO』 킹 라우, 여우쯔엔, 2017

① 행동 없는 열정의 의미는?

② 체육 활동 중 열정을 쏟고 싶은 운동 정하기

③ 구체적인 실천 목표 세우기

4 친구의 발표를 경청하고, 자신이 세운 목표를 가정과 학교에서 자주 볼 수 있는 곳에 붙여 봅시다. (예: 학교-체육책 · 노트 or 게시판, 가정: 책상 앞 or 방문 앞)

자신의 열정을 불태우기 위해 자신에게 각오 또는 응원 한마디

별도의 종이에 써서 붙이시오

✏️ 논술문항

왜 하냐고 물으신다면, 하고 싶어서 한다고 대답합니다.

몇 년 전, 헬스장에 등록하러 갔던 일이 생각난다. 돈이 없으니 PT는 못 받고, 그냥 다른 운동에 비해 가장 싸니까 헬스를 한번 해볼까 했다. 남들 다 다녀봤다는 그 흔한 헬스장을 나는 20대 중후반에 난생 처음 가봤다. 인바디 측정도 난생 처음으로 해봤다. 결과는 대부분 '표준, 보통, 적정'이었다. 인바디 측정 결과를 보면서 헬스 트레이너가 으레하는 질문인 듯 나한테 물었다.

"왜 운동하려고 하시나요?"

나는 놀란 토끼 눈을 하고 트레이너를 쳐다봤다. 내 표정에 트레이너도 당황한 듯했다.

"운동하시려는 …?"

"……?? 운동하고 싶어서요."

헬스 트레이너와 난생 처음 헬스장 온 고객(나) 두 사람은 어리둥절한 표정으로 서로를 몇 초간 멀뚱멀뚱 보고 있었다. 나는 운동하고 싶어서 운동하러 간 것뿐이었다. 얼마간의 시간이 지나고서야 알았다. 트레이너는 대부분 헬스하러 온 사람들이 하는 말인 "살 빼려고요. 몸 만들려고요. 건강해지려고요." 등 이런 답변을 바랐다는 걸.

정상 몸무게라 살을 빼야 할 필요성을 크게 못 느낀다. 근육질의 날씬하고 탄탄한 몸 만드는 건?? 별로 관심 없다. 건강은? 규칙적인 식사와 규칙적인 수면으로 딱히 안 좋은 데는 없는 거 같다. 나는 뭔가 목적을 가지고 하는 운동이 아닌, 재밌게 즐길 수 있는 운동을 하고 싶었다.

남들이 "왜 하냐"고 묻는다면, "좋아서 한다"고 말할 수 있는 일들을 더 많이 하고 싶다.

〈출처: 브런치, 히야Heeya, 2019. 3. 23. https://brunch.co.kr/@tnwls10810/36〉

❶ 앞 지문에서처럼 자신도 순수한 기쁨과 샘솟는 힘을 느끼며 했던 운동을 2가지 이상 구체적인 활동과 연결하여 작성하시오.

별도의 논술 답안지에 작성하시오

❷ "순수한 기쁨과 샘솟는 힘만으로 열정이라고 할 수 있을까?"라는 문장에 자신의 견해를 밝히고, ❶번 문항에 작성한 답변을 활용하여 자신이 생각하는 열정의 정의를 작성하시오.

별도의 논술 답안지에 작성하시오

출제 의도

무엇인가를 하고자 하는 순수한 마음을 열정이라는 가치로 생각하여 학생들이 열정이란 가치가 가진 부담스러운 감정을 낮추고자 하였다. 제시된 글은 신체활동을 순수하게 하고자 한다는 의지가 담긴 수필로 학생들이 열정이라는 단어를 어떻게 접근해야 하는지 그리고 자신의 경험을 어떻게 표현해야 하는지에 대한 예시로서 도움을 준다.

1. 지문을 바탕으로 자신의 경험을 살펴볼 수 있도록 하였다. 농구, 축구와 같은 큰 활동이 아니라 혼자 자유투 연습하기, 축구 드리블로 상대를 뚫기, 점심시간에 친구랑 공놀이 하기 등 작은 활동 수준에서 작성할 수 있도록 돕는다.

2. 순수한 기쁨과 샘솟는 힘만을 과연 열정이라고 할 수 있을지를 생각해볼 수 있도록 했다. 자신의 견해에 따라서 열정을 몰입과 지속을 포함하는 것으로 생각할 수 있으며, 순수한 기쁨과 샘솟는 힘의 중요성을 강조할 수도 있다. 자신이 문항 ❶에서 작성한 경험을 바탕으로 열정이란 무엇인지 생각할 수 있도록 하였다.

채점 평가 기준

   이후에 나올 모든 서술·논술형 문항의 채점 평가 기준은 한번의 글쓰기로 학생의 지식 수준을 평가할 수 없다는 점과 가치의 내면화 수준을 단번에 향상시키기 어렵다는 가치관을 바탕으로 한다. 서술형, 논술형 평가 또한 학습을 위한 평가(assessment for learning), 학습으로서의 평가(assessment of learning)가 되어야 한다. 따라서 평가의 주체가 교사 혼자이거나, 획일적인 기준을 가지고 상대적인 평가를 하는 것은 효과적이지 않다. 교사와 학생이 함께 진행하며, 개인이 가진 주관성을 아우르는 상호보완적인 평가가 필요하다. 결국 이러한 평가에서는 수치화하는 기준과 점수는 무의미하며 구두, 서술을 통한 피드백이 더욱 중요하다. 그리고 이러한 피드백은 평가하는 학생, 교사의 상황과 경험에 따라 달라질 수 있다. 따라서 제시될 채점 평가 기준을 정답이 아닌 하나의 예시로 보아야 한다.

1. 자신이 순수한 기쁨과 샘솟는 힘을 느끼며 했던 운동을 2가지 이상 구체적으로 제시했는가를 평가함.

   평가 농구하기, 배구하기, 축구하기 등의 나열보다는 구체적 상황을 포함하여 작성하도록 한다. 농구에서도 순수한 기쁨의 순간을 나열하는 것이 자신의 활동을 되돌아보는 기회가 될 수 있다. 또한, 구체적인 자신의 경험을 제시하는 것이 ❷ 문항의 답변을 도울 수 있다.

2. 제시된 조건에 맞게 글을 작성하였는가를 평가함.

   ① 제시된 문장에 견해를 명확하게 드러냈는가?

   ② ❶번 문항에 작성한 답변을 활용하여 열정의 정의를 작성하였는가?

순수한 기쁨, 샘솟는 힘

1 영상처럼 좋아하는 것을 위해 열정을 다 해 본 일들을 작성해보시오.

2 나만의 '열정' 생각 펼치기! 'Word Cloud' 기법을 활용하여 열정하면 떠오르는 단어
를 모두 작성해보시오. (Word Cloud: 특정 단어의 빈도나 중요성을 글자의 크기로
나타낸 이미지)

❶ '열정'하면 떠오르는 단어를 모두 작성하시오.

❷ '열정'과 관련된 생각 펼치기를 통하여 2행시로 정리해보시오.

열

정

3 평소 자신의 '열정' 척도를 확인해보시오.

① 자신이 최근 좋아하는 일, 열정을 가지고 도전한 일은 무엇인가요?

~~~~~~

~~~~~~

~~~~~~

② 위의 작성한 것을 토대로 자신의 열정온도계 막대그래프를 활용하여 체크해보시오.

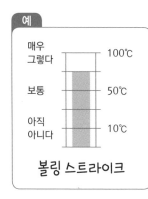

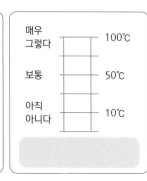

③ 열정온도를 100℃까지 올릴 수 있는 방법은 무엇이 있나요?

~~~~~~

~~~~~~

~~~~~~

~~~~~~

📝 논술문항

재미교포 2세 여자 테니스 선수
크리스티 안!! 한국명 안혜림!

　　운동과 공부를 동시에 진행해야 하는 미국 학교 스포츠 시스템 속에서 명문 스탠
퍼드대학에 진학했고, 졸업 후 높은 연봉이 보장된 실리콘 밸리의 취업 제안도 받았
습니다. 부모님은 안정적이며 전망 좋은 직장 생활을 권했지만, 안혜림 선수의 선택
은 높은 연봉이 보장된 직장을 마다하고 험난한 프로 테니스 선수의 길을 선택했습
니다.

　　"논리적으로 보면 말이 안 됐죠. 아버지도 왜 안정을 버리고 모험을 선택하느냐
고 하셨죠. 하지만 저는 직업의 안정성보다 제 '열정'을 찾아서 선택한 것입니다."
안정적인 삶보다는 자신의 열정을 선택한 그녀의 노력은 2019년 9월 US오픈 여자
단식 16강이라는 결실로 이어졌습니다.

〈출처: KBS NEWS, 2019. 09. 20〉

❶ 내가 생각하는 열정에 대해 정의를 내리고, 자신의 인생에서 가장 가슴 뛰는 삶을 살았던 순
간을 구체적인 사례를 중심으로 서술하시오.

별도의 논술 답안지에 작성하시오

❷ 내가 안혜림 선수라면 나는 어떤 선택을 했을까? 구체적인 이유와 함께 논술하시오.

별도의 논술 답안지에 작성하시오

1. 자신만의 열정에 대한 정의를 통해 어렵고 힘든 순간 포기하지 않고 버텨낼 수 있는 힘을 갖기를 유도하는 질문이다. 자신의 인생에서 가장 가슴 뛰는 순간을 기억하고, 순수한 기쁨과 샘솟는 힘을 느끼는 일에 몰입하는 열정에 대해 정의를 내림과 동시에 힘들고 어려운 순간 포기하지 않는 힘의 원동력을 찾기 위한 물음이다.

2. 안정적인 삶과 열정을 향한 삶 속에서 중요한 선택을 할 때, 그 선택을 도울 수 있는 가치관이나 원칙을 가졌는가에 대한 물음이다. 안정적인 삶을 선택한다고 해서 꼭 비난 받아야만 하는 것은 아니다. 다만, 선택의 기준이 없이 시류에 편승하는 삶에 대해 다시 한번 고민해 보는 과정이 필요하다.

   예시 2019년 국가직 공무원시험은 19만 5,322명이 지원, 경쟁률 39.2대 1
   대한민국 사회에서 이렇게 많은 청년들이 공무원시험을 목표로 달려가는 이유는 무엇일까?

1. 자신의 관점에서 열정에 대한 정의를 알기 쉽게 정리할 수 있는가?
   ① 한 순간의 뜨거움보다는 어려운 순간 포기하지 않고 오래 가는 힘
   ② 자신의 신념과 철학에 따라 자신이 좋아하는 일에서 순수한 기쁨과 샘솟는 힘을 느끼는 것

2. 자신의 인생에서 가슴 뛰는 삶에 대한 구체적인 예시가 제시되었는가?
   ① 개인의 경험에 초점을 맞춘 질문이므로 경험의 크기에 의한 평가는 바람직하지 않음
   ② 구체적인 경험이 없을 경우 앞으로 만들어 가는 과정의 필요성을 언급하는 것도 긍정적임

3. 자신의 선택에 대한 구체적인 이유가 제시되었는가?
   ① 안정적인 삶을 선택하는 것이 꼭 비난받을 사항은 아니라는 접근도 필요
   ② 선택의 순간에 자신의 선택을 돕는 기준점, 가치관에 대한 기술이 있으면 매우 우수

Plus

soul surfer

2011년 미국에서 개봉한 감동 실화 영화

서핑을 즐기는 부모의 영향으로 프로서퍼가 되는 것을 꿈꾸었던 베서니 해밀턴! 뛰어난 재능을 뽐내던 어느 날 서핑을 나갔다가 상어의 공격으로 한쪽 팔을 잃는 사고를 당한다.

구사일생으로 살아남았지만 목표를 잃은 그녀의 삶은 힘들기만 하다. 다시 서핑에 도전했지만 나아가지 못하고 결국 좌절하게 된다. 실의에 빠져 있던 베서니는 태국의 쓰나미 현장에 봉사활동을 나갔다가 자신의 마음 속에서 사라지지 않는 서핑에 대한 열정과 깨달음을 얻고 다시 서핑에 도전한다. 무수히 많은 좌절과 어려움을 극복한 그녀는 마침내 서핑대회에서 준우승을 거머쥐게 된다.

Q 베서니 해밀턴이 어렵고 힘든 순간 포기하지 않고 일어날 수 있었던 힘은 무엇일까?

2장 규율

선순환을 만들다

규율은 질서나 제도를 유지하기 위하여 정하여 놓은 행동의 준칙이다. 『나를 점프해』의 저자 빌 브래들리는 훈련하는 선수가 자신의 의지나 자기관리 같이 스스로 만들고 행동하는 준칙이라는 의미로 사용한다. 제시된 영상은 자신에게 부여한 훈련이 실력을 향상시키고, 이는 더욱 자기훈련에 매진하게 하는 선순환이 무엇인지 보여준다. 교육은 언제나 규율과 밀접한 관련 속에 있다. 규율을 갖추었는지 아닌지가 교육의 성과를 판단하는 기준이 된다. 청소년들은 스포츠를 통해 규율을 내면화하면서 자기훈련의 극치를 경험하고 이를 증명할 수 있다.

의지   자기훈련

선순환   준칙

생각 풀기

규율(規律, Discipline)이란 무엇인가?
자기훈련에 매진하게 하는 선순환은 무엇인가?

생각 보기

고등학교에서 근무할 때 고3 여학생들의 풋살 동아리를 본 적이 있다. 여기에 참가한 학생들은 학업성적이 뛰어났는데 일주일에 두 번, 아침 일찍 학교에 나와 풋살 연습을 하였다. 몸이 피곤하고 힘들어도 이 시간만큼은 꼭 지킨다는 여학생의 말을 지금도 기억하고 있다. 이러한 모습은 현대의 교육학자들이 말하는 외부적인 훈육보다 점차적으로 습관화되고 내면화되면서 내적 동기와 자발성에 근거한 자기훈련(self-discipline)의 모습, 즉 '규율'을 몸에 익힌 청소년들이 자유분방한 상태에서도 자기절제를 통해 자유를 누리는 모습의 전형이다.

생각 쓰기

훈련은 자신이 얼마나 열심히 노력해야하는지에 대해 정확하게 이해할 수 있게 해준다. 준비 과정이 힘들수록 승리의 기쁨은 더 커진다. 노자가 말했다. "다른 사람에 대한 통달은 강점이고, 자기 자신에 대한 통달은 진정한 힘이다."(知人者智 自知者明)
자기훈련을 통해 어려움을 극복하고 치열하게 싸운 전쟁에서 이기게 되면 그 기쁨은 가히 폭발적이라고 할 수 있다. 인생에 있어 이보다 좋은 것을 찾기란 쉽지 않다.

『나를 점프해』'두 번째 숫 : 규율' 중

유형 A 선순환을 만들다

1 영상의 주인공은 농구를 잘하기 위해 어떤 노력을 하였나요?

~~~~~~

~~~~~~

~~~~~~

~~~~~~

2 위 영상과 아래 글의 공통점은 '규율' 입니다.

무엇보다도 연습경기를 위해 여름에 세인트루이스까지 하루에 두 번이나 운전하며 좋은 게임이 진행되는 곳이면 어디나 참여했다.

열다섯 살의 어느 밤에 여자 급우가 데이트 신청을 하기 위해 전화했을 때에도 나의 진짜 애인은 농구라며 다소 멍청하게 거절하기도 했다. 돌이켜 생각해 보면 나는 엄청나게 많은 시간을 체육관에서 소비했다. 하지만 수많은 시간을 연습에 쏟아부은 부산물은 결국 내 삶의 다양한 측면까지 영향을 미치는 자기훈련이었다.

『나를 점프해』 '두 번째 숏 : 규율' 중

❶ 책에서 "자기훈련을 통해 어려움을 극복하고 치열하게 싸운 전쟁에서 이기게 되면 그 기쁨은 가히 폭발적이라고 할 수 있다. 인생에 있어서 이보다 좋은 것을 찾기란 쉽지 않다"라고 이야기합니다.
공부, 운동, 관계 등 자기훈련을 통해 어려움을 극복한 경험이 있나요?

(예 , 아니요)

❷ 경험이 있다면 구체적으로 어떤 경험이었는지 작성해보시오.

3 다음은 북한의 농구 규칙에 대한 설명입니다. 이렇게 자신만의 규칙을 만들어 봅시다.

 북한 농구 규칙

- 팀 파울 : 12개 초과 시 1점씩 감점
- 경기 종료 2초 안에 성공시킬 경우 8점
- 3점 숏이 링이나 백보드를 맞지 않고 들어가거나, 6.7M에서 숏을 성공할 경우 4점
- 판에 맞고 나온 공이나, 옆줄에서 투입된 공을 2~3회 속공을 거쳐 성공할 경우 3점

❶ 반 모둠별 농구 경기 시 (남학생과 여학생 혼성) 함께 적극적으로 참여할 수 있도록
새로운 규칙을 적용한다면 어떤 규칙을 적용할까요?

❷ 모둠 친구들에게 자신이 만든 규칙과 내용을 설명합니다. 그리고 모둠에서 가장 우수
한 발표 내용을 선정해보시오.

💡 농구 길라잡이 2 •

숫자로 알아보는 농구 경기 규칙으로 크기를 비교하세요.

(⬤ 안에 〈 , 〉 , =) (중고, 프로경기)

공을 가진 공격 팀이 (8)초 이내에 상대 팀 지역으로 넘어가야한다.	농구 경기는 (10)분씩 쿼터로 구성된다.
1,2쿼터 사이(전반), 3,4쿼터 사이(후반)에는 각각 (2)분의 준비시간이 주어진다.	팀파울은 (5)회째 파울을 범했을 때부터는 상대 팀에게 자유투 2개가 주어진다.
하프타임에는 (15)분의 준비시간이 주어진다.	경기 중 공을 가진 선수가 (5)초 이내에 패스, 슛 또는 드리블을 하지 않을 때 반칙이 주어진다.

논술문항

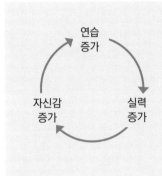

훈련의 장점은 시간과 노력의 투자에 대한 즉각적인 보상을 받을 수 있다는 점이다. 더 열심히 연습할수록 실력은 더 빨리 증가한다. 게다가 이러한 실력의 증가는 자신감의 증가로, 자신감의 증가는 연습의 증가로, 마지막으로 또다시 연습의 증가는 실력의 증가로 이어지는 선순환이 발생한다.

〈출처: 『나를 점프해』 빌 브래들리 지음, 이태구 옮김〉

❶ 농구 활동 시 자신이 경험할 수 있는 선순환에 대하여 작성해보시오.

❷ 팀원들과의 농구 활동 시 벌어질 수 있는 악순환을 예측하여 서술하시오.

별도의 논술 답안지에 작성하시오

❸ ❷에서 제시한 악순환의 상황을 선순환으로 바꿀 방법을 구체적으로 서술하시오.

별도의 논술 답안지에 작성하시오

1. 실제 농구 선수의 경험적 사례를 통해 꾸준한 연습이 실력 향상과 자신감 증가라는 선순환을 만들어냄을 이해하며, 이를 바탕으로 자신에게 대입해 볼 수 있는 적용력을 평가하기 위한 문항이다.
2. 반대로 팀 활동을 하며 일어날 수 있는 악순환의 문제를 예측해보고, 그 문제해결 과정을 평가하기 위한 문항이다.

1. 농구 상황의 선순환에 대한 개념을 제대로 이해하고 자신이 경험할 수 있는 선순환을 유추하여 적용하였는가?
   ① 선순환: 순환이 잘됨, 또는 좋은 현상이 끊임없이 되풀이됨.
   ② 앞선 행동에 따르는 다음 긍정적 행동의 연결점을 제대로 파악하고 배치하였는가?
2. 팀 활동에서 일어날 수 있는 악순환을 구체적인 예를 들어 설명하였는가?
   ① 팀 활동에서 일어나는 다양한 핵심 문제를 파악하여 단순화할 수 있어야 한다.
   ② 팀 내 소통의 문제, 책임감, 팀 규칙 준수, 관계적 문제 등
3. 악순환의 핵심 내용을 파악하여 문제해결을 위한 선순환 계획을 구체적으로 제시하였는가?
   ① 악순환의 원인과 그 해결 방안을 구체적으로 제시한다.
   ② 해결 방안의 핵심을 파악하고 요약하여 선순환 계획으로 제시한다.

유형 B

선순환을 만들다

1 영상에서 마라톤을 완주하는 방법은 무엇인가요?

_____

_____

_____

_____

_____

2 다음 빈칸을 연결해보시오.

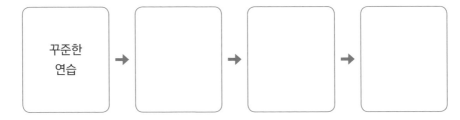

꾸준한
연습 → □ → □ → □

3 나만의 건강 · 체육 활동 만다라트 계획표 세우기

만다라트(Mandala-art) 계획표

일본의 유명한 야구 선수가 자신의 성장을 위해 고등학교 1학년부터 써온 계획표가 공개되면서 화제가 된 자기개발 양식 중 하나입니다. 일본 디자이너 이마이즈미 히로아키가 1987년 불화 '만다라'의 모양에서 영감을 얻어 고안한 것으로 핵심목표를 정하고 핵심목표에 따른 세부계획과 그 세부계획을 달성하기 위한 더 구체적인 목표를 세우는 방식입니다.

▌오타니 쇼헤니가 하나마키히가시고교 1학년때 세운 목표 달성표

몸 관리	영양제 먹기	FSQ 90kg	인스탭 개선	몸통강화	축을 흔들리지 않기	각도를 만든다	공을 위에서 던진다	손목강화
유연성	몸 만들기	RSQ 130kg	릴리즈 포인트 안정	제구	불안정함을 없애기	힘 모으기	구위	하체 주도로
스테미너	가동역	식사 저녁 7수저(가득) 아침 3수저	하체강화	몸을 열지않기	멘탈 컨트롤 하기	볼을 앞에서 릴리즈	회전수 업	가동역
뚜렷한 목표, 목적을 가진다	일희일비 하지 않기	머리는 차갑게 심장은 뜨겁게	몸 만들기	제구	구위	축을 돌리기	하체강화	체중증가
펀치에 강하게	멘탈	분위기에 휩쓸리지 않기	멘탈	8구단 드래프트 1순위	스피드 160km/h	몸통강화	스피드 160km/h	어깨주위 강화
마음의 파도를 만들지 않기	승리에 대한 집념	동료를 배려하는 마음	인간성	운	변화구	가동역	라이너 캐치볼	피칭을 늘리기
감성	사랑받는 사람	계획성	인사하기	쓰레기 줍기	부실 청소	카운트볼 늘리기	포크볼 완성	슬라이더의 구위
배려	인간성	감사	물건을 소중히 쓰자	운	심판분을 대하는 태도	늦게 낙차가 있는 커브	변화구	좌타자 결정구
예의	신뢰받는 사람	지속력	플러스 사고	응원받는 사람이 되자	책읽기	직구와 같은 폼으로 던지기	스트라이크에서 볼을 던지는 제구	거리를 이미지한다

• FSQ, RSQ는 근육트레이닝용 머신 (출처) 스포츠닛폰

	계획1			계획2			계획3	
		↖		↑		↗		
		식사	운동	긍정 생각			
	계획4	←	실천	건강	집중력	→	계획5	
		자기 절제	친구 관계	잠 잘자기			
		↙		↓		↘		
	계획6			계획7			계획8	

4 친구들에게 자신이 만든 [만다라트 도면도] 내용을 설명합니다. 그리고 학급 게시판에 게시하거나, 체육 활동 노트에 붙여 지속해서 상기하며 실천해보시오.

나의 건강 목표 달성표

			식사	운동	긍정 생각			
			실천	건강	집중력			
			자기 절제	친구 관계	잠 잘자기			

논술문항

〈가상 기사〉
최동우 감독 '유망주에게는 강한 규율도 필요', 김승우에 따끔한 충고

"유망주에게는 개성의 발휘도 중요하지만 강한 규율이 필요하다." 대한민국 축구대표팀을 이끄는 최동우 감독이 한국축구의 차기 스트라이커로 주목받는 김승우에게 따끔한 충고를 건넸다.

맨체스터 유나이티드 유소년팀의 '창의적 천재'로 불리는 김승우는 자기 생각과 감정을 직설적으로 표현하고, 외모를 가꾸는 데 많은 신경을 쓰는 등 개성을 강하게 드러내는 것으로 주목을 받곤 했다. 이런 김승우의 언행은 자유로운 플레이 스타일과 어울려 많은 팬의 관심을 끌고 있다. 이에 대해 최동우 감독은 체육일보와의 인터뷰에서 "더 좋은 선수로 오랫동안 활동하기 위해서는 강한 규율도 필요하다."라며 규율의 중요성을 강조했다.

최 감독은 에인트호번의 17세 유망주였던 아리언 로번(바이에른 뮌헨)과 히딩크 감독의 일화를 예로 들었다. 히딩크 감독은 로번의 유니폼이 흐트러졌을 때마다 옷매무시를 단정히 하라고 소리쳤다는 것. 히딩크 감독은 야망과 재능을 가진 어린 선수를 바르게 인도하기 위해 기본적 규율을 강조했다는 것이다.

이어 최 감독은 "축구는 개인 김승우가 아니라 팀으로 함께 한다. 자신의 개성을 과하게 드러내는 것은 팀에 부정적 영향을 줄 수 있다."라고 말하며 개성을 적극적으로 드러내는 것이 창의적 플레이를 만들고 팬들의 관심과 호응을 이끌 수는 있지만, 팀 스포츠에서는 팀의 집중력을 흐트러뜨릴 수 있음을 지적한 것으로 보인다.

〈체육일보, 이00 기자, 2021. 02. 01〉

❶ 앞 기사를 바탕으로 스포츠선수가 규율을 지키는 것과 개성을 발휘하는 것의 장단점은 무
엇인지 각각 제시하시오.

별도의 논술 답안지에 작성하시오

❷ 자신이 축구팀의 감독이라면 '개성과 규율' 중 선수들에게 더 강조하고 싶은 것은 무엇인
지, '선순환'의 관점에서 그 이유와 함께 논술하시오.

별도의 논술 답안지에 작성하시오

스포츠에서 규율을 지키는 것과 개성을 발휘하는 것의 장단점을 자연스럽게 이해할 수 있도록 가상의 기사를 제시하였다.

1. 기사의 내용을 파악하여 규율을 지키는 것과 개성을 발휘하는 것을 중립적으로 이해할 수 있도록 장단점을 각각 제시할 수 있도록 하였다.

2. 선순환에 대한 사전 설명이 필요하다. 학습지 등을 통하여 선순환의 의미를 이해하고 개성과 규율 중 더 강조하고 싶은 것이 무엇인지, 또 어떻게 선순환을 이끌 것인지를 작성할 수 있도록 한다. 자신의 견해를 바탕으로 스포츠 내에서 선순환의 구체적 방안과 연결되도록 하는 것이 생각의 깊이를 높이는 방법이다.

채점 평가 기준

1. 스포츠에서 규율을 지키는 것의 장단점을 모두 제시하였는가?

   해설 규율: 규율을 지킴으로서 팀의 집중력이 높아지고 꾸준한 활동에 긍정적 영향을 줄 수 있지만, 개성이 억압되며 자유로운 플레이에 제한이 되고 팬들에게 다양한 즐거움을 주기 어려울 수도 있다.

2. 스포츠에서 개성을 발휘하는 것의 장단점을 모두 제시하였는가?

   해설 개성: 자신의 스타일을 발휘하며 창의적 플레이를 만들고 팬들의 호응을 이끌 수는 있지만, 팀의 집중력을 흐트러뜨리거나 지속적 활동에 부정적 영향을 줄 수 있다.

3. 개성과 규율 중 선수들에게 강조하고 싶은 것이 무엇인지 명확하게 제시하였는가?

4. 선순환이라는 관점에서 합리적인 근거를 제시하였는가?

   해설 개성과 규율을 강조할 때의 장단점을 바탕으로 선순환을 이끌 수 있는 방법이 합리적 근거가 될 수 있다.

선순환을 만들다

그녀와의
인터뷰

1 '그녀와의 인터뷰' 영상에서 월라 김의 삶의 원칙과 방향은 무엇인가요?

2 위의 영상과 아래의 글을 보고 목표와 실천에 대해 생각해보시오.

> 'NO PAIN, NO GAIN'의 좌우명과 실수하거나 안 좋은 일이 있어도 '과거는 과거일 뿐, 앞으로 잘하면 된다'는 생각을 항상 갖고 있다.
>
> 〈전 국가대표 피겨스케이팅선수 김연아〉
>
> "나는 그냥 될 때까지 했어요." 포기하지 말고 끝까지 해 보라는 것이다. 그리고 덧붙여서 "어려운 상황에서도 이 많은 운동량을 다 해냈을 때의 쾌감은 말로 못 하죠."라고 했다. 그는 우승했을 때나 신기록을 세웠을 때가 아니라 '운동량을 다 해냈을 때'의 쾌감을 더 강조했다.
>
> 〈전 국가대표 스피드스케이팅선수 이상화〉

〈본문출처: 「김연아 7분 드라마」 김연아, 중앙출판사, 2010
「매거진S 미친 존재감, 이상화」 이은경, 네이버스포츠 매거진S, 2018. 01. 11〉

❶ 자신의 생활실천 목표를 작성해보시오.

연간 생활실천 목표	
월간 생활실천 목표	
1일 생활실천 목표	

❷ 위 목표에 도전하고 실천하기 위해 어떠한 노력을 할 것인가요?

3 생활실천 목표를 토대로 규칙적인 삶을 위한 자신의 습관을 분석해보시오.

❶ 목표를 이루기 위한 평소 자신의 습관을 분석해보시오.

좋은 습관 List	

고쳐야 할 습관 List	

❷ 고쳐야 할 습관이 있다면 그 원인은 무엇인가요?

❸ 고쳐야 할 습관을 좋은 습관으로 만들기 위해 노력해야 할 점과 행동은 무엇인가요?

논술문항

전직 프로야구 선수가 고등학교 선수에게 근력 강화 목적으로 금지 약물인 스테로이드를 투약했다는 충격적인 기사가 있었다. 그동안 소문으로만 떠돌던 아마추어 선수의 스테로이드 복용 사실이 수면 위로 떠오른 것이다. 미국에서는 이미 이 문제가 심각한 사회적 이슈 중 하나다. 미국 유명 의료기관 메이요 클리닉이 발표한 자료에 따르면, 미국 고등학교 운동선수 20명 중 한 명이 스테로이드 복용 경험이 있다고 한다. 다수의 전문가는 유명 스포츠 스타의 도핑 적발 사례가 큰 영향을 끼쳤다고 분석한다.

고환암을 이겨내고 〈투르 드 프랑스(매년 7월에 개최되는 세계 최고 권위의 사이클대회)〉 7연패라는 대기록을 이룬 랜스 암스트롱도 경기력 향상 목적으로 금지 약물을 사용했다고 고백했다. 그는 순식간에 '미국인이 가장 사랑하는 스포츠 영웅'에서 '일그러진 영웅'으로 몰락했고, 그의 약물 복용 사건은 영화로까지 만들어질 정도로 미국 사회에 큰 파문을 일으켰다.

〈출처: 일간스포츠, 2019. 07. 05〉

❶ 악순환의 관점에서 유명 스포츠 스타의 도핑 적발 사례가 학생선수의 약물복용에 미치는 영향을 서술하시오.

필수문제로 반드시 작성하시오.

❷ 스포츠에서 약자를 배려하고, 선순환을 만들기 위한 제도나 시스템에 대해 예를 들고, 그 제도나 시스템이 스포츠에 가져올 수 있는 선순환 효과에 대해 논술하시오.

❷와 ❸은 선택형 문제로 두 문항 중 한 문항을 선택하여 질문에 답하시오.

❸ 우리 사회에서 사회적 약자를 배려하고, 선순환을 만들기 위한 제도나 법에 대해 예를 들고, 그 제도나 법이 사회에 가져올 수 있는 선순환 효과에 대해 논술하시오.

❷와 ❸은 선택형 문제로 두 문항 중 한 문항을 선택하여 질문에 답하시오.

깊이 있는 문제의 접근을 위한 사전 활동

논술형 평가 문항을 사전에 제시하여 자료조사 및 생각을 정리할 수 있는 기회를 줌으로써, 순간적인 아이디어보다는 심사숙고를 통해 확산적 사고로 변화할 수 있는 시간을 주는 과정이 필요하다. 충분한 시간을 가진 후에 사전에 제시된 문제에 대해 논술형 평가를 실시한다.

1. 유명 스포츠 스타의 도핑 적발 사례(규율을 스스로 어기는 경우)가 학생선수의 약물 복용에 미치는 악영향에 대해 잘 이해하고 있는지를 파악하는 데 있다.
2. ❷와 ❸은 스포츠나 사회에서 약자를 배려하며, 강자중심의 사회가 되었을 때 발생할 수 있는 문제를 해결하고, 상생(相生)의 관점에서 스포츠와 사회의 선순환을 유도하는 내용에 대해 논술할 것을 요구하고 있다.

1. 주장이나 생각이 분명하고, 핵심내용을 기술하고 있는가?
   예시 핵심내용: 자신이 우상으로 삼고 동경했던 선수가 도핑의 도움으로 맹활약을 펼치고, 막대한 부를 쌓은 모습을 보며 자란 어린 선수들이 스포츠 스타의 부정적인 모습까지도 자연스럽게 따라 하게 되면서 악순환이 반복될 가능성이 있다.
2. 구체적인 예를 들어 설명하며, 논리의 전개와 주장이 일관성이 있는가?
   해설 약육강식이 아닌 약자에 대한 배려를 통해 상생의 접근이 장기적으로 스포츠에 더 많은 발전과 변화를 유도할 수 있다는 시각의 접근이 필요
   예시 프로야구, 농구, 배구의 드래프트 제도, 배구의 로테이션 규칙, 농구의 3초 룰 등
   예시 골목상권 살리기, 〈골목식당〉과 같은 백종원의 도전, 대형마트의 격주 운영을 통한 소상공인 살리기, 공정거래법(독점금지법) 등

Plus

"꼭 이루어야 하는 일이라면 반드시 원칙을 지키게. 그리고 원칙을 기준으로 삼아 죽을 만큼 최선을 다하게나. 그러면 때때로 소망하는 일 그 이상을 이루게 되지. 이것이 바로 위대함에 이르게 하는 원칙의 힘이라네."

"왔던 길로 되돌아가는 것은 후퇴가 아니다. 틀린 길을 전속력으로 달려가는 것보다 왔던 길로 천천히 되돌아가는 것이 더 나은 선택일지도 모른다. 모두들 빨리 가려고 하지만 그보다 더 중요한 것은 올바른 길로 가는 것이다."

〈출처: 『원칙있는 삶』 박현찬, 위즈덤하우스, 2008〉

Q 스포츠에서 어떤 원칙과 규율이 팀에 올바른 선순환을 만들 수 있을까?

3장 이타심

이타심

누군가를 도움으로 자신을 이롭게 하라

미국 실내 MTB 자전거 초등부 저학년 대회에서 있었던 일이다. 경기 중에 앞서던 한 선수가 자신이 타고 있던 MTB 자전거와 함께 넘어졌다. 뒤에 따라오던 선수들은 넘어진 선수를 피해 계속 경기에 임하고 있던 상황에서 한 어린 선수가 정지하고 내려서 넘어진 선수를 일으켜 세우는 일이 벌어졌다. 그 학생은 자신이 참가하고 있는 경기의 성적을 초월한 행동을 보여주었다. 이러한 도덕적 실천을 스포츠에서는 스포츠맨십이라고 부른다.

누군가를 돕는 일은 자신을 이롭게 하는가?

이타심(利他心, Selflessness)이란 무엇인가?

'이타심: 누군가를 도움으로 자신을 이롭게 하라'의 세 가지 영상은 동료애, 헌신, 희생이 무엇인지를 보여주는 사람들의 사례를 제시하고 있다. 농구팀에서 힘든 동료를 위해 대신 뛰면서 동료애가 무엇인지 보여주고, 월드컵에서 4강 신화를 이룬 대한민국 축구 대표팀 선수들을 뒤에서 헌신적으로 도와주는 사람들, 그리고 자신을 희생하면서도 타인의 목숨을 구하는 소방대원까지.

스포츠는 본질적으로 헌신과 희생 그리고 강인한 정신에 의해 규정되는 경쟁적인 활동으로서 그것에 수반되는 스포츠맨십은 도덕적 범주, 즉 최선, 규칙준수, 신뢰, 승리에 대한 자부심과 겸손, 경기와 선수와 심판에 대한 존중을 포함한다. 스포츠 활동을 통해 이러한 도덕적 범주를 몸으로 실천하고 배우는 청소년들은 교육의 본질적 가치가 무엇인지를 숙고하게 된다. 스포츠맨십을 행동으로 보여주는 청소년들은 인성과 다양한 역량들을 두루 갖춘 21세기형 인재임이 틀림없다. 그리고 그 가운데에 이타심을 배우고 실천하는 무대로서 스포츠가 있다.

누군가를 도움으로
자신을 이롭게 하라

1 영상에서 동료들이 크루즈에게 한 행동은 무엇이며, 왜 그런 행동을 했을까요?

❶ 동료들이 크루즈에게 한 행동은?

~~~~~~

~~~~~~

~~~~~~

~~~~~~

❷ 그런 행동을 한 이유는?

~~~~~~

~~~~~~

~~~~~~

~~~~~~

2 위 영상과 아래 글의 공통점은 '이타심' 입니다.

> 챔피언십 우승팀들은 다른 사람들이 느끼지 못하는 것을 함께 경험한다. 그 엄청난 감정은 자부심에서만 나오는 것이 아니다. 팀원들에 대한 헌신이나 소속감의 깊이와 같은 것들은 혈연과 같다. 이는 언어를 통해서는 설명하기가 아주 어려운 감정이다. 농구라는 비언어적인 세계에서는 이것이 삶의 다른 분야에서 나타나는 우아함, 아름다움, 편안함에 견줄 수 있다. 이것이 바로 이타성이 만들어내는 끈끈함이다.
>
> 『나를 점프해』 '세 번째 숏 : 이타심' 중

❶ 농구경기 중 이타적인 플레이를 한 경험을 작성해보시오.

❷ 경험이 없다면 자신이 팀에서 할 수 있는 이타적인 플레이를 생각해보고 이를 어떻게 실천할지 작성해보시오.

3 농구 팀에서 나의 역할은 무엇인지 작성해보시오.

농구 팀에서의 역할

주전	경기에 선발로 출전하며, 팀을 이끌어 가는 선수
후보	팀원 부상 또는 선수가 모자라게 될 때 그 자리를 보충할 선수
식스맨	5명의 주전 선수를 제외한 후보 선수들 중에서 가장 뛰어난 기량을 갖고 있어서 언제든지 투입할 수 있는 선수

❶ 농구 팀에서 나의 역할은 무엇인가요?

❷ 지금 위치에서 우리 모둠에게 도움을 줄 수 있는 방법은 무엇인가요?

 농구 길라잡이 3

스크린플레이

농구에서 자기편 선수의 공격을 위해 상대편 선수의 진로를 막는 행위. 맨투맨 공격 시 먼저 길목을 막고 상대편 선수의 진로를 막아 자기편 선수를 방어하지 못하게 하는 플레이이다. 스크린플레이를 하는 선수는 양발과 어깨를 움직이지 않아야 한다.

논술문항

A

농구의 매력과 수수께끼는 팀이 요구하는 다양성 속에 존재한다. 챔피언십은 높은 수준의 팀워크를 구축하지 않는 이상 이길 수 없고, 이 연대는 각 선수들의 이타심을 통해서만 이루어낼 수 있다. 이는 농구를 잘 모르는 사람들이 쉽게 인지하지 못하는 내용이다. 또한 농구가 내부적으로 깊은 흐름을 갖고 있다는 사실을 보여준다.

자기편 선수를 위해 수비수를 막아주는 완벽한 스크린플레이, 공으로부터 의도적으로 거리를 두는 움직임, 리바운드를 위해 상대를 밀어내는 훌륭한 박스아웃 그리고 상대의 패스를 중간에 쳐내는 수비나 가로채기 등이 그 흐름에 속한다. 통계가 항상 팀워크를 측정할 수 있는 것은 아니다. 가드가 점수를 내기보다 자신이 맡은 수비를 잘 해내는 것은 통계에 집계되지 않는다. 그러나 '궂은 일을 잘 처리할 때' 그것은 분명 챔피언십 팀을 만들기 위해 노력하는 것이다. (ㄱ) 이런 상황에서는 '우리가 이겼다'는 말이 '내가 점수를 냈다'라는 말보다 훨씬 더 의미 있고 오래 간다.

〈출처: 『나를 점프해』 빌 브래들리 지음, 이태구 옮김〉

B

심리학자 아들러는 '행복이란 공헌감이다'라고 단순하고 명쾌하게 정의했다. 행복하게 살기 위해서는 용기가 필요하고, 용기를 갖기 위해서는 자기가 가치 있는 사람이라는 의식이 필요하고, 가치 있는 사람이라는 느낌은 타자에 대한 공헌으로부터 얻어지기 때문이다. 거듭 말하듯이 이것은 타인의 인정과는 별개의 공헌감이다. 기본적으로 우리는 공동체에 속해 있고, 그 구성원들을 적으로 보기보다는 친구로 보며, 설령 그들에게 배신을 당할지라도 계약관계의 신용보다는 절대적 신뢰를 보내는 것, 이것이 아들러가 생각하는 이상이다. 거창하게 생각할 필요는 없다. 각자의 일을 하는 것도 공헌이며, 행동이 아닌 존재만으로도 타인에게 공헌하는 것이다.

그 대상을 적으로 보면 불행해지고, 친구로 생각할 수 있다면 어떤 일을 하더라도
행복해질 수 있다.

〈출처:『미움 받을 용기』기시미 이치로, 인플루엔셜〉

❶ A B 글을 읽고 (ㄱ)의 글이 의미하는 바를 서술하시오.

별도의 논술 답안지에 작성하시오

❷ 만약 자신이 친구들과 농구를 즐기는 상황으로 가정했을 때, 팀에서 공헌감을 느낄 수 있는
방법을 구체적으로 제시하시오.

별도의 논술 답안지에 작성하시오

1. 이타적 행동이 어떻게 행복감을 주는지, 남을 돕는 일이 왜 자신에게 이로운지에 대한 근원적 이유를 깨닫게 하는 문항이다.
2. 친구들과 함께 농구 활동을 하는 자신의 상황을 상상해보고, 주어진 상황에서 이타적 행위를 할 수 있는 다양한 방법을 구상하여 공헌감을 느껴 보도록 한다.

채점 평가 기준

1. 제시문 **A** **B** 의 내용을 통해 이타심과 공헌감의 의미를 파악하여 구체적으로 작성하였는가?
   평가 다른 사람을 위해 행동하는 이타심과, 이타적 행동을 했을 때 느껴지는 공헌감이 어떻게 행복감을 불러일으키는지에 대해 기술하는 것이 중요.
2. 농구 활동 상황을 상상하여 공헌감을 느낄 수 있는 방법에 대한 구체적인 예시를 들어 설명할 수 있는가?
   평가 이타적 행위의 사례가 기여도의 크고 작음에 상관없이 공헌감을 느낄 수 있는 다양한 예시를 제시하는 것이 중요.

유형 **B** 누군가를 도움으로
자신을 이롭게 하라

1 영상을 보고 다음 물음에 답하시오. (개인 작성 후 발표)

❶ 팀 가이스트가 의미하는 것은 무엇인가요?

~~~~~~

~~~~~~

~~~~~~

❷ 영상에 등장한 인상적인 팀원 역할을 2개 이상 쓰시오.

~~~~~~

~~~~~~

~~~~~~

~~~~~~

2 ❶ "골 하나를 넣으려면 10개의 손이 필요하다." 미국의 농구 감독 존 우든(John Wooden)의 명언이다. 이 명언에서 나타나는 '10개의 손'을 우리 학교 교내 체육대회에서 찾고, 각각의 선택 이유를 작성해보시오. (개인 or 모둠 작성 후 발표)

❷ 교내 체육대회에서 방해되는 우리 반의 행동을 준비·실행·정리로 나눠 구체적으로 작성해보시오. (개인 or 모둠 활동)

준비

실행

정리

3 '우리 반'을 위해 자신이 할 수 있는 역할을 정하고, 그 역할을 잘 수행하기 위해 체육대회 준비·실행·정리 단계에서 해야 할 일을 구체적으로 작성해보시오.

역할	

준비	

실행	

정리	

4 친구들에게 자신이 만든 [문제 3] 내용을 설명합니다. 그리고 우리 반 체육대회 역할을 나눠 보시오.

체육대회	기획팀	응원도구 제작	선수선발	학급안전	응원댄스 지도	반티 제작
팀장						
팀원						

논술문항

보상 바라지 않는 이타심, 기분 더 좋게 만든다

타인을 위한 행동이나 마음인 이타심이 그 종류에 따라 각기 다른 뇌 활동을 유발한다는 사실이 연구를 통해 밝혀졌다. 영국 서섹스대학 연구진은 1000명이 넘는 참가자를 대상으로 실험을 했다. 이들에게 보상이 없는 '완전한 이타심'과 보상이 따르는 '전략적 이타심' 중 선택할 수 있는 두 가지 상황을 준 뒤 이들의 뇌 변화를 살폈다.

완전한 이타심과 전략적 이타심 모두 타인을 위한 행동과 마음이라는 공통점이 있지만, 완전한 이타심은 그 어떤 보상도 받지 않는 것임에 반해 전략적 이타심은 물질적인 보상이나 평판 또는 명성을 얻는 보상을 받을 수 있다.

연구진은 이타심을 행사한 사람들은 그렇지 않은 사람들에 비해 뇌의 특정 부위의 활동이 더욱 활발해지는 것을 확인했다. 유독 반응한 뇌 부위는 슬하전두대상피질로, 감정처리 및 보상심리를 담당하는 부위다.

흥미로운 것은 비슷한 이타심이지만 보상을 받지 않는 완전한 이타심을 선택한 사람들의 슬하전두대상피질이 보상을 받는 전략적 이타심을 선택한 사람들보다 더 많이 활성화된다는 사실이다.

연구진은 "두 종류의 이타심 모두 뇌의 특정 부위를 활성화해 좋은 기분을 끌어내지만, 결과적으로 전략적 이타심보다 완벽한 이타심을 선택한 사람들이 더 좋은 기분을 느낄 수 있다"라면서 "전략적 이타심이 아닌 완벽한 이타심을 선택했을 때, 사람들은 더 많은 산소를 이용해 뇌의 특정 영역을 활성화하고 이것이 그들을 행복하게 한다는 사실을 확인했다"라고 설명했다.

〈출처: 서울신문, 송현서 기자, 2018. 10. 01〉

1 스포츠에서 전략적 이타심의 사례를 찾아 2개 이상 작성하시오.

별도의 논술 답안지에 작성하시오

2 스포츠에서도 완전한 이타심을 발휘할 수 있을지 자신의 견해를 밝히고, 그 이유와 함께 논술하시오.

별도의 논술 답안지에 작성하시오

스포츠를 통해 이타심을 기를 수 있는가? 경쟁과 승패를 본질로 가진 스포츠가 이타심을 기를 수 있다면 어떤 사례가 있을까란 생각으로 문항을 구성하였다.

1. 전략적 이타심(때로는 이기심이라고도 불리는)과 완전한 이타심을 구분할 수 있도록 전략적 이타심의 사례를 제시하도록 했다.
2. 논란이 있을 수 있는 명제에 대하여 자신의 의견을 밝히도록 했다. 완전한 이타심이라는 표현과 기사의 내용 때문에 학생들이 옳고 그름의 문제로 접근하지 않도록 주의하여야 한다.

1. 스포츠 상황에서 전략적 이타심을 발휘하는 사례를 구체적으로 작성하였는가?
   예시 축구 경기 중 득점 기회가 찾아왔을 때 자신보다 더욱 득점 성공 확률이 높은 동료에게 패스하는 것 등이 전략적 이타심을 발휘하는 행위의 예가 될 수 있다. 득점 성공과 승리를 위해서 자신의 득점 기회를 양보하고 동료에게 기회를 제공하는 것이기 때문이다.
2. 주어진 문장에 대하여 자신의 의견을 명확히 드러내고 그 이유와 함께 논술하였는가?
   해설 체육대회 중 넘어진 친구를 일으켜서 함께 달리는 것, 마라톤에서 옆 선수를 위해서 물을 건네주는 것 등 완전한 이타심의 사례가 충분히 존재할 수 있다.
   예시 스포츠는 경쟁을 바탕으로 한다. 스포츠에서 자신의 행동은 그 경쟁에서 승리하는 것에 기초한다.

유형 **C** 누군가를 도움으로
자신을 이롭게 하라

"4명에 새 삶"…순직 소방관 '마지막 헌신'

1 영상의 주인공처럼 자신의 장기를 타인을 위해 기증할 수 있을까요?

2 다음의 읽기자료를 보면서 자신의 생각을 작성해보시오.

> **동료 구한 '심폐소생술'의 힘…"골든타임 지켰다"**
>
> 지난 27일 천안종합운동장에서 열린 20세 이하 4개국 축구대회 한국 대 잠비아전입니다.
>
> 한국이 4대 1로 앞서던 후반 34분.
>
> 〈녹취〉 "자, 크로스! 헤딩!"
>
> 공중 볼을 경합하던 양 팀 선수가 쓰러진 뒤, 상황이 매우 급하게 돌아갑니다.
>
> 〈녹취〉 "빨리! 빨리!"
>
> 〈녹취〉 "지금 인공호흡을 하고 있는데요. 응급처치가 빨리 들어가야 할 것 같습니다."

상대선수와 부딪힐 때의 충격으로 중앙수비수 정태욱 선수가 의식을 잃고 쓰러진 겁니다.

〈녹취〉"동료선수들이 일단은 기도확보를 하고 인공호흡을 했었고……."

정 선수는 혀가 말려들어가고, 의식을 잃은 상태였습니다.

〈정태욱(20세 이하 축구 국가대표)〉"저는 공만 딱 헤딩하고 그때부터 기억이 잘 안나요. 잠비아 선수가 옆에서 크로스를 올렸는데 가운데 쪽으로 공이 떠서 제가 걷어내려고 헤딩을 했는데 옆에서 잠비아 선수가 저를 받았어요."

정 선수가 의식을 잃은 뒤, 인공호흡까지 걸린 시간은 단 '10초'. 이 10초가 없었다면, 정 선수에겐 더 안타까운 일이 벌어질 수도 있었습니다. 골든타임을 지켜낸 건 김덕철 주심과 동료인 이상민 선수입니다.

〈출처: KBS NEWS, 2017. 03. 31〉

3 아래와 같은 상황일 때 어떻게 대처해야 할까요? 질문을 작성해보고 발표를 통해 공유해보시오.

선한 사마리안 법(응급의료에 관한 법률 제 5조의 2항)

타인이 응급사항이나 위험에 처한 것을 인지했을 때, 본인이 크게 위험하지 않을 경우에는 타인을 위험으로부터 구조해 줄 의무를 부여한 법률 조항이다. 이 법은 일반인의 적극적인 구호활동 참여를 유도할 취지로 만들어졌으며, 미국의 대다수 주와 프랑스, 독일, 일본 등에서 시행 중이다. 우리나라에서는 2008년 6월 13일 '응급의료에 관한 법률(구호자보호법)'의 일부 개정을 통해 응급환자에게 응급처치를 하다 본의 아닌 과실로 인해 환자를 사망에 이르게 했거나 손해를 입힌 경우 민·형사상의 책임을 감경 또는 면제한다는 내용이 반영되면서 선한 사마리아인 법이 간접적으로 도입됐다. 그동안 국내에서는 사고를 당해 목숨이 위태로운 사람을 구해주려다 결과가 잘못되면 구호자가 소송에 휘말리거나 죄를 덮어쓰는 경우가 많아 위험에 처한 사람을 봐도 도움을 주저하거나 외면하는 경우가 많았다.

〈출처: 〈시사상식사전〉, PMG지식엔진연구소, 2016. 10. 25〉

❶ 체육 활동 중 심정지한 사람을 발견했을 때 어떻게 행동해야 할까요?

❷ 실제 심폐소생술을 실시한다면 수행순서를 구체적으로 작성해보시오.

❸ 직접 심폐소생술을 실시하여 친구를 살린다면 어떠한 기분일까요?

논술문항

왼쪽 사진은 무슨 상황으로 보이나요?
치열한 선두다툼을 펼치는 두 명의 스키선수!!
그런데 앞쪽 선수가 뒤를 돌아보는 모습이
조금 낯설게 느껴지지 않나요?

　　동계올림픽에는 알파인 스키, 바이애슬론, 크로스컨트리 스키 종목에서 시각장애를 가진 선수들이 코스를 벗어나지 않고 완주할 수 있도록 도움을 주는 장애인 선수 도우미 가이드러너가 함께 경기를 펼치는 종목이 있습니다. Guide를 표시하는 G 마크와 주황색 조끼를 입고 앞서거니 뒤서거니 하며 무선 마이크를 이용하여 선수를 안내하고, 때로는 지친 선수를 격려하고 응원하는 가이드러너와 선수가 서로 간의 믿음과 신뢰를 바탕으로 기록에 도전하며 성취를 느끼는 아름다운 장면을 수시로 목격하게 됩니다. 가이드러너는 오로지 소리로만 슬로프의 경사도와 코스를 안내하며 시각장애 선수의 눈 역할을 수행합니다. '아름다운 조력자'로 불리는 가이드러너는 선수가 3위 이내에 입상하게 되면 선수와 함께 메달을 받게 됩니다.

〈출처: 연합뉴스, 2018. 3. 7〉

❶ 학교스포츠 활동(점심시간, 체육시간, 학교스포츠클럽, 체육대회 등) 중에서 다른 사람을 도움으로써 행복감을 가졌던 경험을 구체적인 사례를 중심으로 서술하시오.

별도의 논술 답안지에 작성하시오

❷ 베리어 프리에 대해 설명하고, 베리어 프리가 갖는 가치와 연결하여 우리 사회에서 실천할
  수 있는(또는 실천되고 있는) 베리어 프리 활동에 대해 논술하시오.

별도의 논술 답안지에 작성하시오

 깊이 있는 문제의 접근을 위한 사전 활동

장애 이해 교육 및 사회적 약자에 대한 배려를 위한 교육의 내용으로 베리어 프리에
대한 사전 교육을 실시하고, 이타심에 대한 문제로 연결하여 접근하는 것이 효과적이
다. 또는 사전자료 조사 시간을 가진 후에 문제에 대한 이해도를 높이고, 생각을 정리
하는 형태로 평가를 실시하는 것도 좋은 교육방법이다.

베리어 프리: 고령자나 장애인 등 사회적 약자들이 살기 좋은 사회를 만들기 위해
         물리적이며 제도적인 장벽 허물기 운동. 저상버스, 장애인 주차장 등

1. 다른 사람을 위해 어떤 행위를 할 때 행복감을 느끼고, 그 행복감이 자신을 이롭게 한다는 것을 이해하고 있는가를 묻고 있다.
2. 사회적 약자와 소통하고 공감하기 위해서 꼭 필요한 것은 '상대방의 시선으로 바라 보기'라는 관점이다. 이를 통해 타인을 배려하고, 공감하면서 더 따뜻한 사회로 나 아갈 수 있다는 의미를 종합적이고 논리적으로 서술할 수 있는가를 확인하고자 하 였다.

채점 평가 기준

1. 구체적인 사례를 중심으로 내용을 서술하고 있는가를 평가함.
   평가 다른 사람을 위해 어떤 행위를 하고 있는가에 대한 구체적인 서술과 마음의 변화를 연결하여 기술하였는가?
2. 베리어 프리의 의미를 알고, 주어진 조건에 맞게 논리의 전개와 주장이 일관성이 있 는가를 평가함.
   ① 베리어 프리의 의미를 정확하게 이해하고 있는가?
   ② 주어진 질문에 적합한 구체적인 예를 들어 설명하며, 논리의 전개와 주장이 일 관성이 있는가?
   예시 유니버설 디자인(보편적 디자인, 모든 사람을 위한 디자인), 보지 못하는 사 람이나 듣지 못하는 사람이 즐길 수 있는 영화, 고령자를 위한 자동차 및 운전 장비, 이동 보조수단 등

축구선수 외질은 트위터를 통해 6개월 이상 진행해 온 선행 소식을 전했다. 외질은 지난 24일 밤(한국시간) 자신의 트위터를 통해 "아내 아미네와 6월 결혼식을 앞두고 전 세계 어린이의 인생을 바꾸는 1000번의 수술을 지원하겠다고 발표했고, 실행하고 있다"면서 "219번의 수술이 끝났다"고 밝혔다. 이어 그는 "이제 시작이다. 도움이 필요한 수백 명의 다른 어린이를 함께 도울 2020년이 기대된다."고 했다.

〈출처: 국제신문, 2019. 12. 25〉

Q 우리는 왜 스포츠 스타들이 보여주는 이타적인 행동을 보면서 행복감을 느낄까요?

4장 존중

주는 것, 받는 것

존중의 사전적 의미는 높이어 귀중하게 대하는 것이다. 최근 영국의 축구 경기에서 관중들이 동양인 선수에게 인종차별적인 행동을 하여 언론에 크게 보도된 적이 있다. 이렇게 축구 경기 도중에 반인륜적인 행동들이 자주 나타나면서 세계축구연맹(FIFA)은 선수와 선수 간, 선수와 심판 간, 그리고 선수와 관중 간에 더 나은 경기와 더 나은 서비스를 제공하기 위해 경기 중 유니폼에 글자를 새기게 하였는데, 그 글자가 'RESPECT', 즉 존중이다.

박수

자아존중감

악수

스포츠정신

존중(尊重, Respect)이란 무엇인가?
스포츠에서 주는 것과 받는 것은 무엇인가?

농구 결승전에서 자폐증을 앓고 있는 학생선수를 경기에 투입하는 감독과 이를 응원하는 동료선수들과 관중들, 전쟁과 같은 프로축구 경기에서 동료와 상대편 선수에게도 특별한 배려와 존중을 보여주면서 팀의 심장이라고 불리는 선수, 그리고 뱃 속 아이의 생명을 보호하기 위해 9개월 동안 자신의 시간, 관심, 건강까지 모든 것을 쏟아붓는 산모. 제시한 3개의 영상은 존중에 관한 내용이다.

인생에서 청소년 시기는 또래 관계의 영향이 가장 큰 시기이다. 또래로부터 지지, 즉 존중을 많이 받을수록 자신의 삶 속에서 행복감을 높게 느낀다. 스포츠는 상대에 대한 존중을 배우는 학습의 장이고 소재이다. 상대에 대한 존중은 결국 자신의 자아존중감을 높인다. 그리고 그로 인해 청소년의 삶의 만족도는 높아진다.

선수들의 가장 큰 적은 피로다. 지혜롭게 시간 관리를 하더라도 늘 충분한 휴식을 위한 시간이 부족하다. 따라서 매일 밤 경기에 나서고 승리를 위해서는 스스로를 혹사해야 한다. 기나긴 시즌 덕에 얼굴에 피로가 묻어나는 데이브 드뷔셰와 눈썹을 찡그리고 양 무릎에 파스를 붙인 윌리스 리드는 다섯 밤 중 네 번째 도시의 락커룸에서 서로를 바라보았다. 그들의 눈빛은 이렇게 말하는 듯했다. "난 지금 뼛속까지 힘들어. 저기 나가고 싶지 않다고. 하지만 네가 출전하면, 나도 하겠어." 이런 깊은 존중은 팀에 대한 헌신으로부터 나온다.

『나를 점프해』 '네 번째 숏 : 존중' 중

주는 것, 받는 것

1 영상에서 제이슨이 농구경기에서 멋진 활약을 할 수 있었던 이유를 4가지 역할에서 찾아볼 수 있습니다. 어떠한 생각과 행동이 제이슨에게 좋은 영향력을 주었는지 작성해보시오.

감독 :

제이슨(자신) :

팀 동료 :

팀을 응원하는 학생들(관중석) :

2 위 영상과 아래 글의 공통점은 '존중' 입니다.

> "난 지금 뼛속까지 힘들어. 저기 나가고 싶지 않다고. 하지만 네가 출전한다면 나도 하겠어."
>
> 이런 깊은 존중은 팀에 대한 헌신으로부터 나온다. 그리고 경기가 끝나면 서로가 최선을 다했다는 것을 안다. 그것은 솔직하고 자유로운 관계이다. (중략)
>
> 모두는 그 날의 경기가 우리들의 힘을 합친 결과물이 가져다 줄 수 있는 최선의 결과였음을 안다. 패배했다면 상대가 우리보다 잘했기 때문이지 팀의 능

력을 최대한으로 발휘하지 못해서는 아니다. 각 팀원이 최선을 다했다는 믿음
에는 결코 흔들림이 없다.

『나를 점프해』 '네 번째 숏 : 존중' 중

❶ 농구경기 중 모둠원을 위해 존중을 위한 행동을 한 적이 있다면 무엇인가요?

❷ 우리 농구 모둠원 중 존중을 가장 잘 실천한 학생은 누구이며 이유를 적으시오.

3 다음 기사를 통해 농구경기 중 경쟁과 존중에 대해 생각해보시오.

미국 텍사스 주의 여자고등학교 농구경기에서 100:0으로 상대방을 이긴 팀
의 농구부 감독이 해임되었다는 뉴스가 방송되었습니다. 이긴 팀 감독이 해임
된 이유는 스포츠맨십에 어긋하는 행태를 보였기 때문이라고 합니다. 상대는
특수학교의 선수 8명으로 구성된 팀이었고 경기 내내 관중들은 1점도 주지말
라며 상대방을 조롱하고 멸시하면서 가지고 놀았다고 합니다.

그 어떤 스포츠 경기에서도 승리가 확정된 팀이 지고 있는 한 수 아래의 팀
에게 어떤 수를 써서라도 이기는 것은 스포츠가 아닙니다. 상대방을 존중하는
것이 스포츠입니다.

〈출처: https://renewable.tistory.com/376〉

❶ 경기 중 우리 팀이 큰 점수 차로 지고 있는 상대 팀에게 스포츠맨십을 발휘해 존중할
  수 있는 방법에는 어떤 것들이 있는지 적으시오.

❷ 모둠 친구들과 자신이 만든 ❶ 내용을 발표 후 우수한 발표내용을 선정해보시오.

 농구 길라잡이 4

농구에 대한 관심과 열정을 키워드로 알아보는 가로세로 퍼즐 맞추기!

〈가로퍼즐〉
① 퍼스널 파울 중 상대 선수의 진로를 방해하는
  파울은?
② 슈팅된 공이 득점하지 않은 경우에 그 공을 잡는
  기술은?
③ 수비가 합법적으로 공격수로부터 필드골을
  방어하는 기술은?

〈세로퍼즐〉
① 드리블을 하다가 공을 잡아 멈춘 후 다시 드리블을
  할 때 파울은?
② 퍼스널 파울 중 상대 선수의 팔, 가슴 또는 다른 신체 부위를 때렸을 때 파울은?
③ 농구의 기초기능 중 손으로 공을 바닥에 튀기며 이동하는 기술은?

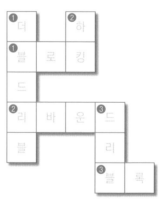

✏️ 논술문항

최고의 스포츠 스타를 뽑는 시상식 '2006년 ESPY'. 그 해 최고의 스포츠 순간을 선사한 스타 부분에 선정된 주인공은 제이슨 맥엘웨인. 그는 자폐증을 앓고 있는 청년이었다. 제이슨 맥엘웨인은 1987년에 태어나 2살 때 자폐증 진단을 받고 5살까지 말을 하지 못했다. 하지만 그는 형의 소개로 농구를 시작했고 하루 종일 농구에 빠져 살았다. 그는 열정적으로 농구를 했고, 그 덕분에 자폐 증상도 점점 나아졌다. 게다가 특수학교가 아닌 일반학교에 진학했다. 농구부에 입단하고 싶었던 그는 계속 되는 거절에도 매일 같이 훈련장에 나타나 선수들을 도왔고, 끝내 매니저 자격으로 농구부에 입단했다. 그는 팀이 필요한 모든 것들을 도우며 성실하게 매니저 생활을 했다. 공식 경기에서는 항상 흰 셔츠와 넥타이 차림이었지만, 딱 한 경기에서만 유니폼 차림으로 출전했는데 고등학교 졸업을 앞둔 지역리그 결승전이었다. 졸업 전 꿈을 이룰 수 있도록 감독은 그의 출전 계획을 세웠고, 경기 종료 4분 19초를 남겨두고 있었으며, 팀은 10점 차 이상으로 이기고 있었다. 감독이 벤치에 앉아 있던 그를 불렀다. 제이슨은 벌떡 일어나 달려 나왔고, 그를 응원하고 있던 모든 사람들이 일제히 환호했다.

〈출처: Hidden sports (https://hiddensports.tistory.com/3)〉

❶ 감독이 그 동안 한번도 농구 시합에 뛰게 하지 않던 제이슨을 졸업 전 마지막 시합에 출전시킨 이유를 유추하여 서술하시오.

별도의 논술 답안지에 작성하시오

❷ 감독은 제이슨 맥엘웨인을 위해 출전시켰지만 이는 자칫 팀을 위험에 빠트리게 할 수도 있었다. 자신이 감독이라면 어떤 선택을 할 것인지와 그 이유를 논술하시오.

별도의 논술 답안지에 작성하시오

1. 스포츠가 승리만을 추구하는 것이 아니라 상대를 존중하고 배려하는 등 승리보다 더 큰 감동을 선사하기도 한다. 제시문은 맥엘웨인과 감독의 입장에서 서로 생각해 보고 공감을 이끌어내기 위한 물음이다. 아래 글은 위 제시문에 이어지는 내용이다. 평가가 끝난 뒤 참고 자료로 제시해줄 수 있다.

> "저는 감동 받아 울었습니다"(짐 존슨 감독). 모두가 제이슨 맥엘웨인이 한 골만 이라도 넣는 모습을 보고 싶어 했다. 몇 번의 슈팅을 실패한 그였지만 3분 12초를 남겨두고 3점 슛을 성공시키자 코트는 광란의 도가니로 변했다. 거기서 그치지 않고 그는 총 3점 슛 6개, 2점 슛 1개를 성공시켜 20점 득점을 기록한다. 그가 기록한 점수는 그날 뛰었던 선수 중에 한 경기 최다 득점이었다.
> "그날 밤은 제가 마치 '권총'인 것 같았어요. 표적지로 쏠 때마다 명중했습니다. 영화의 한 장면 같았어요."
> 물과 수건을 나르고 슛을 던질 수 있도록 패스만 해주는 등 동료들이 필요한 모든 것들을 도왔던 제이슨 맥엘웨인. 끊임 없는 열정과 팀에 대한 헌신이 담긴 스토리는 미국 전역으로 퍼져 일약 스타가 되었다. 그리고 10년 뒤 제이슨은 여전히 그가 뛰었던 고등학교 농구부 매니저를 맡고 있다.

2. 스포츠맨십에는 존중, 최선, 배려, 공정 등의 다양한 가치를 내포하고 있다. 감독은 맥엘웨인을 위해 존중하고 배려하는 마음으로 경기에 참여시켰다. 그러나 상대 팀의 입장에서 봤을 때는 최선을 다하지 않는 모습으로 비추어졌을 수도 있다.

1. 제시문의 내용을 파악하고 감독의 입장에 공감하며 구체적으로 서술하였는가?
   해설 감독의 입장이 되어 깊이 공감하는 과정이 필요

2. 주어진 상황에 대해 다양한 입장으로 자신의 의견을 합리적인 근거로 제시하였는가?
   해설 존중에 대한 다양한 관점에서의 해석이 필요
   옳고 그름은 없지만 자신의 선택에 대한 이유를 구체적으로 서술

유형 B 주는 것, 받는 것

수페르코파 ▶ 나냐 6회 우승

1 영상에서 푸욜이 했던 행동 중 가장 인상적인 장면은? (개별 작성 후 발표)

2 체육 활동 중 친구 또는 선생님에게 (A) 존중받는다고 느낄 때 (B) 존중받지 못한다고 느낄 때는? (개별 or 모둠활동)

　(A) 존중받을 때 감정

　　존중받는다고 느낄 때 상황

　(B) 존중받지 못할 때 감정

　　존중받지 못한다고 느낄 때 상황

3 체육 활동 중 자신보다 한 수 아래인 친구를 크게 이길 때 느끼는 쾌감과 자신보다 한 수 위인 친구에게 근소한 차이로 이겼을 때의 쾌감 중 어느 상황에서 성취감이 더 클까요? 그 이유를 생각해보시오. (개별 or 모둠활동)

생각 :

이유 :

〈나보다 한 수 아래인 사람에게 갖춰야 할 태도〉

〈나보다 한 수 위인 사람에게 갖춰야 할 태도〉

논술문항

'노쇼'(No-show) 호날두
K리그는 존중의 대상이 아니었다.

　　세계적인 축구 스타 크리스티아누 호날두와 소속팀 유벤투스가 우리나라 축구팬
들에게 큰 실망감과 분노를 야기했다. 유벤투스 간판스타 호날두는 K리그와의 친선
경기에서 출전 약속을 어기고 단 1초도 뛰지 않았다. 호날두의 플레이를 보기 위해
고가의 입장권을 산 국내 팬들은 낭패를 봤다.

　　이번 '팀 K리그 vs 유벤투스' 친선경기는 한국 축구사에 기념적인 경기로 기록될
예정이었다. 호날두가 12년 만에 팀을 이끌고 내한해 팬들을 만날 수 있는 소중한
이벤트였다. 그만큼 기대가 컸고, 흥행은 모두의 예상을 뛰어넘어 폭발적이었다. 예
매 시작 2시간 30분만에 서울월드컵경기장을 가득 채울 입장권 6만5000장이 동났
다. 그런데 '환호' '박수' '갈채'의 현장을 예상했던 26일 밤 서울월드컵경기장은 '분
노'와 '배신'의 장소로 돌변했다. 유벤투스 선수단 버스가 경기 킥오프 시간보다 늦
게 경기장에 도착했다. 이동국 등 K리그를 대표하는 '팀 K리그' 선수들은 이미 몸을
풀고 기다리고 있었다. 유벤투스 선수들도 그라운드에서 뒤늦게 몸을 풀었다. 그런
데 호날두는 몸도 풀지 않았다. 선발 명단에서 빠진 호날두는 후반전이 시작됐는데
도 계속 벤치에 앉아 있었다. 경기 시간이 계속 줄수록 관중석에서 호날두의 출전을
애타게 기다린 팬들의 목소리가 원망으로 바뀌었다. 결국 3대 3으로 경기는 끝났고,
호날두는 벤치에만 앉아 있다가 경기장을 떠났다. 호날두의 일거수일투족을 최단거
리에서 보기 위해 최대 40만원짜리 티켓을 산 팬들을 허망하게 만들었다.

〈출처: 스포츠조선, 노주환 기자, 2019. 07. 28〉

❶ 위 기사에서 크리스티아누 호날두가 경기에 출전하지 않은 이유는 무엇이었을지 상상하여
작성하시오. 그리고 이 선수가 경기에 출전하지 않았어도 존중을 보이는 방법에는 무엇이
있는지 작성하시오.

별도의 논술 답안지에 작성하시오

❷ 위 답변을 활용하여 우리가 어쩔 수 없이 약속을 지킬 수 없을 때 어떻게 상대를 존중하며
의사를 표현할 수 있을지 작성하시오.

별도의 논술 답안지에 작성하시오

학생들이 '존중'과 관련한 최근의 사건을 바탕으로 일방적 비판만 하는 것이 아니라 해당 인물에 공감하면서도, 더 나은 방법에 대해 생각해 볼 수 있도록 문제를 구성하였다. 존중은 주는 것이기도 하고 받는 것이기도 하다. 많은 축구팬들이 분노한 사건에서 과연 우리는 존중을 보였는지 함께 생각해보고 문제에 접근한다면 더욱 쉽게 서술할 수 있을 것이다.

1. 호날두 선수가 경기에 출전하지 않은 이유를 서술하기 위해 상대의 입장이 되어보고, 그 상황에서 자신은 어떻게 존중을 보일 수 있는지를 생각해보도록 하였다.

2. ❶의 답변을 자신의 삶으로 가져와서 적용할 수 있도록 구성했다. 학생들이 쉽게 경험할 수 있는 '약속을 지키지 못할 상황'에서 존중하는 방법을 다양하고 구체적으로 제시할 수 있도록 한다.

1. 상황에 대한 이해를 통해 선수가 출전하지 않은 이유를 합리적으로 작성했는가?
   예시 컨디션 조절, 부상 위험, 감독과의 관계

2. 선수가 존중을 보일 수 있었던 방법은 무엇이 있을지 구체적으로 작성했는가?
   예시 경기가 어려운 경우 사전 인터뷰 등으로 구체적인 이유 설명, 하프타임 이벤트, 경기 후 사인회 등 팬서비스 참가

3. 위 답변인 스포츠 상황에서의 해결책을 바탕으로 일상생활에서의 문제해결 방안을 구체적으로 작성하였는가?

유형 **C** **주는 것, 받는 것**

1 영상에 담겨 있는 '생명존중'의 의미를 생각해보면서 존중이란 무엇인지 자신의 생각을 한 문장으로 작성해보시오.

존중이란?

위 문장을 작성한 이유는?

2 브레인라이팅 기법을 사용하여 우리 삶 속에 있는 다양한 존중과 그 의미를 돌아가며 작성해보고 최종 정리하여 발표해보시오.

참가자 다양한 상황	1	2	3	4	최종 아이디어
생활 속에서					
스포츠 상황					
학교생활에서					

브레인라이팅 기법

  일반적으로 3~5분 동안에 약 1~3개 정도의 아이디어를 작성한다. 작성이 끝나면 각 참여자들은 종이를 한 방향으로 돌린다. 가령, 오른쪽 구성원에게 종이를 전달한 구성원은 자신의 왼쪽 구성원이 작성한 종이를 전달받는다. 그 후 전달받은 종이에 쓰여있는 아이디어를 검토하여 그것을 더 발전시킨 아이디어를 추가적으로 써 넣는다. 이러한 방식으로 각 아이디어를 모든 참여자가 검토하고 발전시킨다.

〈출처: 두산백과, http://www.doopedia.co.kr〉

3 다음과 같은 상황에서 러시아 여자 배구대표팀 코치의 행동에 대해 생각해보면서 작성해보시오.

참 못 됐네… '눈 찢기' 러 배구 코치 논란

  러시아 여자 배구대표팀의 이탈리아인 수석코치가 올림픽 예선전에서 한국에 극적으로 승리한 뒤 아시아인을 비하하는 눈 찢기 세리머니를 펼친 사실이 뒤늦게 확인됐다. 대한민국 배구협회는 러시아 배구협회에 항의 서한을 발송했다. 러시아는 지난 5일(한국시간) 러시아 칼리닌그라드 얀타르니 경기장에서 열린 2020 도쿄올림픽 세계 예선 E조 3차전에서 한국에 세트 스코어 3대 2로 역전승하며 올림픽 본선 티켓을 획득했다. 그런데 세르지오 부사토(53) 수석코치가 경기를 마친 뒤 흥분을 감추지 못한 채 취재진 앞에서 눈가를 잡아당기며 웃는 모습이 포착됐다. 러시아 스포츠 매체 〈스포르트 24〉는 별다른 비판적 시각 없이 "부사토 수석코치가 눈을 가늘게 만들어 기쁨을 표출했다"고만 보도했다. 손가락으로 눈가를 잡아당겨 눈을 가늘게 만드는 동작은 통상 아시아인을 비하하는 행동으로 간주된다. 국제올림픽위원회(IOC)와 국제축구연맹(FIFA)의 경우 이 행동을 엄격하게 금지하고 있다. (… 중략 …) 더

욱이 한국 대표팀 감독이 같은 이탈리아 국적의 스테파노 라바리니(40)란 점에서 부사토 코치는 인종주의에 대한 무지를 드러내는 한편, 최소한의 동료애도 보여주지 못했다는 비판을 받고 있다.

〈출처: 김철호, 국민일보, 2019. 08. 08〉

❶ 위의 읽기자료를 보고 문제 상황에 대해 요약해보시오.

❷ 만약 자신이 러시아 여자 대표팀 코치라면 상대 팀에게 어떠한 존중의 표현으로 행동했을까요? 그 이유도 작성해보시오.

✎ 논술문항

　경기 전 잉글랜드가 '하카'를 행하는 뉴질랜드 선수들에게 맞서 V자 대열로 대항한 장면은 이번 대회 최고의 명장면이 됐다. '하카'는 뉴질랜드 원주민인 마오리족 전사들이 다른 부족과의 전투를 앞두고 전의를 다지기 위해 추던 춤을 말한다. 지금은 뉴질랜드 럭비 국가대표팀이 경기 시작에 앞서 상대 팀을 앞에 두고 벌이는 하나의 문화 의식으로 행해진다. 뉴질랜드 선수들이 '하카'를 공연할 때, 상대 팀은 중앙선 반대편에서 서로 어깨동무를 하고 지켜보는 것이 관례다. 하지만 잉글랜드는 뉴질랜드 선수들이 '하카'의 대열을 짜고, 우렁찬 구호 속에 춤을 추기 시작하자 적진을 향해 천천히 걷기 시작했다. '하카'를 추는 뉴질랜드 선수단을 포위하듯 V자 대열을 유지했고, 일부 선수는 중앙선을 넘어섰다가 심판의 제지를 받았다. 국제럭비위원회는 경기 전에 문화 의식을 행할 때 상대 팀 선수들은 자기 진영에 머물도록 규정하고 있다. 국제럭비위원회는 이 규정을 들어 중앙선을 침범한 잉글랜드에 벌금을 매겼다.

　벌금 소식을 접한 뉴질랜드의 스티브 한센 감독은 '하카'에 대한 잉글랜드의 대응에 대해 불만은커녕 "환상적이었다."고 말했다.

　한센 감독은 "잉글랜드는 '하카'에 대응했기 때문이 아니라 중앙선을 넘은 문제로 벌금을 받았다."면서 "'하카'는 근본적으로 응전을 불러일으키기 위한 것이다. 잉글랜드의 대응은 멋졌고, 창조적이었다."고 평가했다.

〈출처: 연합뉴스, 2019. 10. 30〉

❶ 존중과 다양성이라는 핵심어를 사용하여 잉글랜드의 V자 대열을 유지한 반격에 대해 자신의 생각을 정리하고, 300자 이내로 서술하시오.

별도의 논술 답안지에 작성하시오

❷ 우리 사회에서 일어나는 차별의 사례를 쓰고, 다양성을 인정할 수 있는 실천 방법에 대해 800자 이내로 논술하시오.

별도의 논술 답안지에 작성하시오

1. 현대 사회는 물론 스포츠에서도 국적, 인종, 문화의 다양성을 추구하는 방향으로 변화하고 있다. 이러한 변화는 선택이 아닌 불가피한 사회 변화임을 이해하고, 문화적 편견에 의해 나타나는 차별과 변화에 대한 두려움을 해결하기 위해 서로의 다양한 문화를 이해하고 존중하는 열린 마음을 알아보고자 하는 물음이다.
2. 다양성과 획일성의 관점에서 보면 일부 사람들의 경우 혐오와 차별의 형태로 불만을 표현하는 사례가 있다. 이를 인식하여 긍정의 방향으로 다양성을 인정하고, 차별의 해결방법에 대해 진지하게 생각해 보고자 하였다.

1. 핵심내용을 파악하여 구체적으로 서술하였는지를 평가함.
   ① 문화의 다양성을 인정하지 못하고 때로는 혐오와 차별의 형태로 문제가 표출되기도 함.
   ② 상대의 문화를 이해하고 존중하며 그것을 수용하는 과정이 필요함. 잉글랜드의 V자 대열을 통한 반격에 대해서 뉴질랜드가 인정하고 존중하며 칭찬하는 모습 속에서 상호존중(주는 것, 받는 것)의 모습이 표현됨.
2. 주어진 조건에 따라 주장이나 생각을 분명하게 제시하고, 주장을 뒷받침하는 논거가 체계적이며, 적절하게 제시되어 있는가를 평가함.
   ① 우리가 살고 있는 사회 또한 평등한 조건 속에서 노력하면 누구나 성공할 수 있다는 투명성에 관한 내용까지 이끌어가는 접근도 필요.
   예시 다양성은 단순히 여러 나라의 문화가 혼재된 것을 의미하는 것이 아니다. 진정한 다양성은 사회 구성원 모두가 다양하고 포용적으로 변하는 것이다. 이미 우리 안에 있는 성소수자, 장애인 등 다양한 구성원을 인정하고, 이주민도 다양성의 하나로 받아들이는 과정이 필요하다.

〈출처: 고등학교 더불어 사는 사회 교과서〉

Plus

이영표는 캐나다 밴쿠버의 BC플레이스 스타디움에서 열린 콜로라도 라피즈와의 경기를 마지막으로 현역 생활을 끝냈다. 밴쿠버 측은 이영표의 얼굴이 인쇄된 마지막 경기 티켓을 제작하는가 하면, 전광판에 이영표의 얼굴과 함께 '이영표 선수 감사합니다'라는 한글 문구를 띄우는 등 '레전드'의 마지막을 성대하게 축복했다. 밴쿠버 팬들도 대형 태극기와 이영표 응원 문구가 적힌 걸개로 이영표를 떠나보내는 아쉬움을 표현했다.

〈출처: 동아일보, 김영록, 2013. 10. 28〉

Q 이영표 선수는 어떻게 구단과 팬들로부터 존중 받게 되었을까?

5장 통찰력

행동의 균형을 잡는다

학교 현장에서 자주 경험하는 것들 중 하나가, 공부 잘 하는 학생이 운동도 잘 한다는 것이다. 이것은 아마도 공부하는 방법을 잘 아는 학생이 운동하는 방법도 잘 안다는 의미일 것이다. 공부든 운동이든 그것이 무엇이든 간에 우리의 노력이 필요한 어떤 분야에서든 성공적인 수행을 위해서는 공통되는 성공 원리가 있다. 일반적으로 공통되는 성공 원리, 즉 삶의 지혜는 먼저 살고 있는 선생(先生)들에게서 얻게 마련인데, 그런 사람들이 바로 통찰력을 가지고 있는 사람들이다.

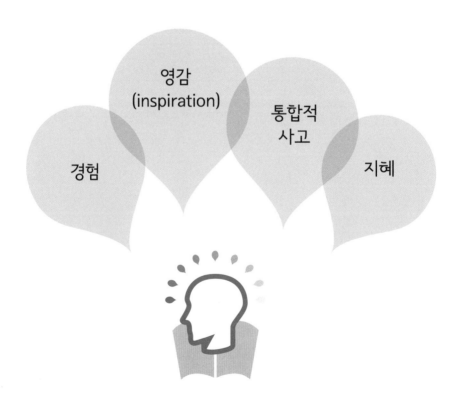

통찰력(洞察力, Insight)이란 무엇인가?

어떤 사람이 통찰력을 갖는가?

『나를 점프해』의 저자 빌 브래들리는 20년 넘게 농구를 한 NBA 스타였고, 은퇴 후에는 약 20년 동안 미국 상원의원을 지냈으며, 대통령선거 후보가 되었다. 그리고 이런 삶을 사는 비결은 농구 선수의 경험을 통해 얻은 통찰력이라고 그는 말한다.

'통찰력: 행동의 균형을 잡는다'의 세 가지 영상은 스포츠 경험을 포함하여 인간의 삶의 내용을 이루는 다양한 경험이 한 사람 또는 다수의 사람에게 삶의 이치, 방향, 영감 그리고 절망스러운 상황에서도 희망을 포기하지 않았던 사람들의 통찰력을 제시하고 있다.

앎을 기반으로 하여 행동하는 것, 이때 요구되는 힘이 통찰력이다.

"승리는 여러 모습으로 나타난다. 현명한 사람들은 최고의 모습을, 그렇지 않은 사람들은 최악의 모습을."

피트 캐릴은 회고록에서 이렇게 말했다. 이런 행동패턴은 이르면 고등학교 시절부터 형성되는 것을 볼 수 있다. 어떤 선수들은 승리를 겸손과 긍지로 대하고, 그것으로 부러움을 얻는다. 반면에 다른 어떤 이들은 이기면 어찌나 거들먹거리는지 가까이 가기도 싫어질 정도다.

"이기면 환호하지 말라. 지면 울지 말라."

『나를 점프해』 '다섯 번째 숏 : 통찰력' 중

행동의 균형을 잡는다

1 영상에서 가장 인상적인 조던의 명언 하나를 작성하시오.

~~~~~~

~~~~~~

~~~~~~

~~~~~~

2 위 영상과 아래 글의 공통점은 '통찰력' 입니다.

> 팀 플레이어들은 상대와 동료 사이에서 자신이 어디에 있는지 정확히 알고 있다. 코트 밖에서 그들은 승리가 일시적이라는 사실을 이해함과 동시에 그것을 성취하는데 따른 뒷받침이 얼마나 중요한지를 제대로 알게 된다. ㉠ 스스로에 대한 강점과 약점을 안다는 것은 성공으로 한 발짝 다가서는 것이지만 그것만으로 충분하지 않다. 그 앎을 기반으로 하여 행동하는 것, 이때 요구되는 힘이 통찰력이다.
>
> 『나를 점프해』 '다섯 번째 숏 : 통찰력' 중

❶ 밑줄 친 ㉠의 문장을 읽고 자신의 강점과 약점을 작성해보시오.

강점

약점

❷ 자신의 약점을 강점으로 만드는 방법을 찾아 작성해보시오.

3 **어느 스포츠 전문가는 농구 선수 마이클 조던을 다음과 같이 분석하였습니다.**

자신의 화려한 재능 이면에 피나는 노력과 현재에 100% 몰입하는 집중력 그리고 자신의 일에 대한 열정과 집념, 승부 근성이 농구 황제 마이클 조던을 만든 것이다. 농구에 대한 집념과 열정은 마이클 조던의 명언으로도 알 수 있다.
- 힘든 연습과 행동이 뒷받침되지 않은 말은 아무 가치도 없다.
- 도전할 목표가 생기면 경기를 갈망하고 사랑하게 되며 연습을 더 열심히 하게 된다.
- 나는 선수 시절 9000번 이상의 슛을 놓쳤다.
- 나는 실패를 두려워해 본 적이 없다.
- 나는 실패하고 실패하고 또 실패했다. 그것이 내가 성공한 이유다.

❶ 위 글에서 우리가 얻을 수 있는 삶의 통찰력은 무엇인가요?

~~~~~~

~~~~~~

❷ 자신의 명언을 만들고 발표해보시오.

~~~~~~

~~~~~~

 농구 길라잡이 5

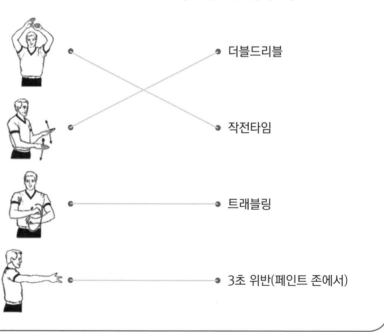

농구 수신호에 대해 알아봅시다. 그림과 설명을 바르게 연결해보시오.

더블드리블

작전타임

트래블링

3초 위반(페인트 존에서)

논술문항

A

나는 그러한 순간들을 떠올릴 때마다 매 순간이 얼마나 치열했는지 그리고 그것들이 내가 삶을 바라보는 관점에 어떠한 영향을 미쳤는지 생각하곤 한다. 나는 농구 덕분에 꾸준함의 중요성을 알 수 있었다. 또한 좀 더 장기적인 시각을 가질 수 있게 되었고 균형을 맞추는 일의 어려움도 알 수 있었다. 이러한 통찰력은 인생이 가져다주는 선물들에 대해 감사할 수 있게 해주었다. 더욱 풍부하고 열정적인 삶을 살 수 있는 투지로 이어지기도 한다.

〈출처: 『나를 점프해』 빌 브래들리 지음, 이태구 옮김〉

B

나는 또 그 운동장에서 다른 아이들과 경주하는 법을 배웠다. 모든 주자들에게 공평한 출발선, 모든 주자에게 동시에 들리는 선생님의 화약 총 소리, 나에게만 유리한 것이 제일인 줄 알고 떼를 쓰던 어린 나에게 그것은 공평에 대한 최초의 체험이었다. 나에게 다소나마 불공평에 대한 혐오감이 있다면, 이 역시 운동장에서의 그러한 체험 때문일 것이다.

나는 차차 상급생으로 자라면서 기마전을 배우고, 축구를 배우고, 줄다리기를 배웠다. 참여하는 모든 사람이 한 마음으로 힘을 모아야 하는 그 경기들, 힘든 일은 가능하면 남에게 미루려던 어린 나에게 그것은 협동의 참뜻을 가르쳐 주었다. 여러 사람과 함께 하는 일에 미력이나마 다하려는 생각이 다소나마 나에게 있다면, 이 또한 그 운동장의 덕분일 것이다. 내가 다니던 초등학교의 그 작은 운동장, 그것은 인간이 갖추어야 할 가장 기본적인 덕목들을 나에게 가르쳐 준 위대한 교실이었다.

〈출처: 『작은 운동장의 큰 가르침』 정진권〉

❶ 위 **A** **B** 글의 공통적인 주제를 한 문장으로 표현하시오.

❷ 농구 종목을 통해 배울 수 있는 삶의 지혜를 구체적으로 서술하시오.

별도의 논술 답안지에 작성하시오

출제 의도

1. 스포츠는 인생의 축소판이라고 한다. 꿈과 도전, 성공과 좌절 속에서 인생의 의미와 가치를 배우기도 한다. 두 제시문을 통해 스포츠로 다양한 가치를 배울 수 있음을 확인하기 위한 물음이다.

2. 스포츠 활동을 통해 다양한 삶의 지혜를 배울 수 있다는 것을 전제로 한다. 농구라는 특정한 종목에서 자신이 배운 또는 자신이 경험할 수 있는 삶의 지혜를 탐색해보기 위한 물음이다.

채점 평가 기준

1. 두 가지 제시문이 공통적으로 주장하는 핵심 내용을 명확하게 파악하였는가?
   해설 제시문에 있는 문장을 그대로 사용하기보다는 자신만의 생각을 통해 창의적으로 표현하도록 지도한다.

2. 농구를 통해 배울 수 있는 삶의 지혜를 구체적으로 작성하였는가?
   해설 농구라는 종목의 특징을 파악하여 이를 삶의 지혜로 연결지을 수 있는 자신만의 안목을 만들 수 있어야 한다.

행동의 균형을 잡는다

1 영상에서 '88서울올림픽 개최'를 위해 국민들이 함께 준비했던 일들이 무엇인가요?

2 '88서울올림픽의 기적'은 무엇인가요?

3 우리 학교 체육 활동에 대한 문제점을 학생 스스로 분석하고 앞으로의 발전 대안을 찾아 실행해 봅시다. (월드카페 형식 토론)

> 주제 1: 체육수업
> 주제 2: 교내 스포츠클럽 대회
> 주제 3: 체육대회

 월드카페 토론이란?

어떤 질문이나 과제에 대해 최소 12명에서 1,200명의 사람들이 함께 아이디어를 도출, 공유하는 대화 방법으로 4~5명 단위로 팀을 구성하여 대화를 시작하여 구성원들이 서로 교차하여 대화를 이어나감으로써 많은 사람들이 함께 대화하는 방법

〈출처: Brown, lsaacs & The world cafe community, 2001〉

활동예시 교내 스포츠클럽 축제 분석

장점	강화
문제점	대안

활동예시 교내 스포츠클럽 축제 운영

목적 및 방향, 유의점	필요한 역할
종목 및 시기	기대효과

논술문항

짝발 - 이봉주 선수

'세상 앞에 손 비비며 살고 싶지는 않아'
뼈마디를 숫돌아 갈며 날마다 정진했다
'남과 같아서는 아무것도 못 된다'
벼랑 끝 바늘구멍을 빠져나와
굳은살과 압정 같은 티눈을 선택한 마라토너

고된 뼈와 헐거워진 물렁뼈 사이로
낯선 바람이 지나가고
그 폐광에 차디찬 물이 고여 넘쳐도
연실이 얼레에서 풀려나듯
바람이 길을 내면 그 길을 따라
달리고 또 달렸다

몇 번 더 달리는 것
이기고 지는 것도 이제는 의미가 없다
도전의 끝에 서면 또 다른 도전이 있고
산 정상에서의 시간은 찰나일 뿐

느리고 낮은 호흡으로
나를 향해 달린다
내가 네게 말없는 말을 건넨다
목판화 같은 발자국
길 위에 찍어온 굴렁쇠 수레바퀴
주름진 짝발

〈출처: 『육상경기장에 살다』 서상택, 우리글〉

1 제시된 시를 읽고 이봉주 선수는 마라토너로서 어떤 삶을 살았을지 연별 해석을 바탕으로 4가지 단계로 구분하여 작성하시오.

> ### '짝발'의 연별 해석
>
> 1연 선택과 도전   2연 고통 속의 도전 과정
>
> 3연 도전 과정의 깨달음   4연 깨달음을 통한 삶의 통찰력

별도의 논술 답안지에 작성하시오

2 위 시에서 이봉주 선수가 배웠을 삶의 통찰력은 무엇이었을지 쓰고, 자신이 스포츠를 하며 배울 수 있는 삶의 교훈은 무엇이 있는지 그 상황과 함께 구체적으로 작성하시오.

별도의 논술 답안지에 작성하시오

논술 문항이 항상 갈등 상황에서 찬반을 선택하여 자신의 주장을 이끌어야 하는 것은 아니다. 논술의 개념을 확장하여 때로는 문학적 감상과 상상력의 발휘를 통해 역량에 접근하는 것 또한 필요하다.

1. 이봉주 선수의 삶을 도전과 성찰로 바라본 시를 통하여 학생들이 이봉주라는 마라톤 선수가 어떤 삶을 살았을지 상상해보도록 하였다. 시의 해석에 도움을 주기 위하여 연별 해석을 제시하여 통찰력으로 방향을 잡을 수 있도록 도왔다.

2. 이봉주 선수가 배운 삶의 통찰력과 자신이 스포츠를 통해 배운 삶의 교훈을 작성하도록 했다. 통찰력이라는 표현의 부담스러움을 낮추기 위해 자신의 경험에서는 교훈으로 표현했다.

채점 평가 기준

1. 시의 내용을 바탕으로 이봉주 선수의 삶을 상상하여 제시하였는가?

   해설 이봉주 선수의 삶을 단계적으로 드러낸 시를 읽고 상상하여 이야기를 작성할 수 있도록 지도해야 한다. 예를 들어 첫 번째 연을 선택과 도전으로, 두 번째 연을 고통 속의 도전 과정으로, 세 번째 연을 도전 과정에 대한 깨달음으로, 네 번째 연을 깨달음을 통한 현재의 태도로 생각할 수도 있다. 하지만 획일적인 예시를 제시하여 학생들의 상상력을 제한해서는 안 되며, 자신이 시를 해석하는 방식으로 스포츠 인물의 삶을 상상하여 작성하여야 한다.

2. ① 시를 바탕으로 이봉주 선수가 스포츠를 통해 배웠을 삶의 통찰력이 무엇인지 작성하였는가?

   예시 삶이란 끝없는 도전이지만 그 도전은 정상을 향하는 것이 아니라 내가 쌓아 온 삶의 과정

   ② 자신이 스포츠 경험을 통해 배운 삶의 교훈을 상황과 함께 구체적으로 작성하였는가?

   예시 포기하는 순간, 이길 수 없다. 농구 반 대항 결승전에서 상대의 실력을 보고 포기했던 마음. 친구들은 포기하지 않고 도전했지만, 준비를 제대로 하지 않고 후회하며 포기하는 순간, 더 이상 이길 수 없다는 교훈을 느꼈다.

행동의 균형을 잡는다

1 넬슨 만델라와 같은 상황이라면 석방의 자유와 인종차별 정책에 항거하기 위해 감옥
에 수감되는 생활 중 어느 것을 선택하겠는가? 그 이유도 간단히 작성해보시오.

2 다음 글을 읽어보면서 핵심 문장에 밑줄을 긋고 아래의 현상에 대해 생각해보시오.

> ## 왜 스포츠 스타에게 악플을 달까
>
> 한국체육대학교 윤영길(스포츠심리학) 교수는 "악플러는 응원하는 팀이나
> 선수에게 자신을 투사한다. 때문에 스포츠의 승패 구도 속에서 상대는 필연적
> 으로 내가 동일시한 팀이나 선수에게 위해를 끼치게 된다. 이로 인해 상대 팀
> 이나 선수에게 적의를 품게 되고 이것은 악플로 구체화된다."고 설명했다.
>
> 스포츠 스타가 악플러의 좋은 먹잇감이 되는 또 다른 이유가 있다. 긍정적
> 가치를 지닌 스포츠 스타는 다른 분야의 스타에 비해 더욱 엄격한 도덕성을

요구받기 때문이다. 스포츠는 공정한 룰에 의해 정정당당한 승부를 겨루는 분야다. 스포츠는 '정직하고 순수하다'는 이미지가 강하다. 올림픽, 월드컵 같은 메가스포츠 이벤트가 열릴 때 온 국민이 밤잠을 설쳐가며 응원하는 모습은 친근한 풍경이다. 스포츠 스타는 우리에게 '감동을 주는 존재'로 자리매김되어 있다.

악플러는 스포츠 스타에게 유독 가혹한 잣대를 들이댄다. 스포츠를 통해 부와 명예를 얻었고, 많은 사람들의 사랑을 받는 만큼 한 차원 높은 품격을 갖춰야 한다고 생각하는 것이다. 그래서 이들은 스포츠 스타의 작은 실수조차 용납하지 않고 끈질기게 물고 늘어진다. 자신들의 기대에 조금이라도 어긋나는 행동을 하면 거의 집단 린치 수준으로 공격한다.

여기에는 '영웅 만들기'에 인색한 우리나라 특유의 국민성도 한 몫 한다. '묻지마 악플'이 성행하는 것도 최근 경향이다. 요즘은 박지성, 김연아 같이 전 국민의 사랑을 받는 스포츠 스타도 악플러의 악의적인 비난글에 시달린다. 윤영길 교수는 "악플러가 스포츠 스타에 주목하는 이유는 내가 표적으로 삼는 대상이 곧 나의 크기라고 생각하기 때문이다. 내 힘은 내가 공격한 상대에 따라 결정되므로 내가 공격할 수 있는 힘이 있다면 가능한 가장 강해보이는 상대를 공격할 것이라"고 설명했다.

〈출처: 노컷뉴스, 문수경, 2011. 11. 20〉

❶ 위의 지문에 나타난 악플의 핵심 원인은 무엇인가요?

❷ 위와 같은 현상의 문제점은 무엇인가요?

3 위에서 살펴본 현상과 연결지어 다음과 같은 상황에 대한 해결방안 및 자신의 생각을 정리하여 작성하고 발표를 통해 공유합시다.

❶ 당신은 스포츠 선수입니다. 경기에서 최선을 다했지만 아쉽게 패했습니다. 이때 오늘 경기와 관련된 기사에 많은 악플이 달렸다면 어떠한 마음일까요?

❷ 최근 소셜 미디어(SNS) 속 무분별한 악플에 대한 규제방안으로 인터넷 실명제 부활에 대한 논의가 있습니다. 인터넷 실명제에 대한 자신의 입장을 선택하여 작성하시오.

 인터넷 실명제

인터넷으로 글이나 자료를 올릴 때 반드시 본인의 실명과 주소를 사용토록 하는 제도로, 인터넷의 부작용인 흑색선전이나 사이버 테러를 막기 위한 것이다.
〈출처: 〈한경 경제용어사전〉 한국경제신문, 2006. 08. 14〉

❸ 평소 자신이 응원해주고 싶거나 관심을 가지고 있는 스포츠 선수에게 악플이 아닌 선 플을 달아봅시다.

(   ) 선수에게

🖊 논술문항

다음은 『나를 점프해』에서 제시하는 스포츠의 10가지 가치를 나타낸 내용이다.
제시된 10가지 가치를 바탕으로 질문에 답하시오.

1. 첫 번째 슛: 열정(순수한 기쁨, 샘솟는 힘)
2. 두 번째 슛: 규율(선순환을 만들다)
3. 세 번째 슛: 이타심(누군가를 도움으로 자신을 이롭게 하라)
4. 네 번째 슛: 존중(주는 것, 받는 것)
5. 다섯 번째 슛: 통찰력(행동의 균형을 잡는다)
6. 여섯 번째 슛: 용기(솔직하게 이야기하라)
7. 일곱 번째 슛: 리더십(최선을 이끌어낸다)
8. 여덟 번째 슛: 책임감(예외는 없다)
9. 아홉 번째 슛: 회복력(승리와 재앙의 만남)
10. 열 번째 슛: 상상력(경기를 생각해내다).

〈출처: 『나를 점프해』 빌 브래들리 지음, 이태구 옮김〉

❶ 제시문 중 스포츠 활동을 통해 얻을 수 있는 가장 중요한 가치가 무엇이라 생각하는지 선택하고, 『나를 점프해』의 핵심내용을 인용(요약)해서 선택한 이유를 설명하시오.

별도의 논술 답안지에 작성하시오

❷ '스포츠 활동을 열심히 하면 위의 10가지 가치를 익힐 수 있다고 한다. 그런데 우리보다 더 많은 스포츠 활동을 하는 일부 스포츠 스타들은 왜 일탈의 모습을 보여 우리를 실망시키는가?'라는 질문에 대해 자신의 생각을 정리해서 800자 이내로 논술하시오.

별도의 논술 답안지에 작성하시오

깊이 있는 문제의 접근을 위한 사전 활동

• 한 학기 한권의 책읽기 활동을 위해 선정한 도서 『나를 점프해』를 읽고 정리하는 활동
• 한 학기 동안 읽고 느낀 생각을 정리하기 위한 논술문항으로, 논술평가 후 모둠활동을 통해 서로의 생각을 공유하는 활동을 하면 더욱 큰 교육효과를 가짐

1. 스포츠의 다양한 가치 중 자신이 생각하는 가장 중요한 가치에 대해 보다 깊이 있게 생각해보고, 다른 친구들과 의견을 나누면서 『나를 점프해』를 통해 자신의 생각을 정리할 수 있도록 유도하는 질문이다.
2. 정해진 답을 찾고자 하는 물음이 아닌 사전 모둠활동을 통해 다양한 생각들을 하나로 종합하여 자신의 생각을 정리하고, 글로 표현하는 능력을 파악하고자 한다. 개인의 사고능력보다는 다양한 사람과의 소통을 통해 생각을 정리하고, 때로는 변화하며, 집단지성의 힘을 느껴보기 위한 과정이다.

채점 평가 기준

1. 주어진 조건에 따라 전달하고자 하는 내용을 명확하게 전달하는가를 평가함.
   ① 조건 1: 가장 중요한 가치 선택
   ② 조건 2: 『나를 점프해』의 내용을 인용해서 선택 이유를 설명
2. 자신의 생각을 다른 사람에게 정확하게 전달하는가를 평가함.
   ① 주장이나 생각이 분명한가?
   ② 주장을 뒷받침하는 논거가 체계적이며 적절하게 제시되었는가?
   ③ 자신이 밝힌 관점이나 입장에 일관성이 있는가?

웨스트 텍사스 엔드루스고등학교 1학년생 켈리 스마트는 인기 있는 응원단이다. 뇌성마비를 앓아서 휠체어를 타고 다녀야 했지만 응원단원으로서 캘리의 열정은 대단했다. 켈리는 2군 경기 때 사이드라인 쪽에서 미식축구 선수들과 관중을 열광케 했다. 그런데 일부 응원단원과 학부모들의 촉구로 학교 관계자는 켈리에게 이듬해 응원을 준비하면서 다른 단원들처럼 다리 일자 뻗기와 공중회전을 비롯해 체조 훈련을 해야 한다고 말했다. 같은 단원인데 켈리가 그렇게 하지 않는다는 것은 특혜라고 주장했다. 하지만 켈리의 어머니는 분노하면서 켈리는 뇌성마비를 앓고 있기 때문에 다른 단원처럼 다리 일자 뻗기와 공중회전을 요구하는 것은 불공정하다고 말했다.

〈출처: 『정의란 무엇인가』 마이클 샌델, 이창신 옮김〉

Q "켈리가 응원단원으로서 자격을 갖추려면 반드시 체조를 해야 하는가"에 대한 자신의 생각을 서술하시오.

6장 용기

솔직하게 이야기하라

용기 있는 사람은 위험을 무릅쓰더라도 원하는 것을 성취하려는 성향이 있어서 도전정신이 강하다. 기업 분야에서는 이런 사람을 '기업가 정신' 이 있다고 말한다. 기업가 정신은 미래를 예측할 수 있는 통찰력과 새로운 것에 과감히 도전하는 혁신적이고 창의적인 정신이다. 그래서 기업가 정 신을 가진 사람이 수행하는 일은 자신이 속한 공동체의 발전에 기여한다. 스포츠에서 용기는 팀을 위해 나의 모든 것을 쏟아 붓는 행동이다. 용기는 겁이 없는 것과 다르다. 용기는 두려움을 받아들이고 극복해 낸다. 부상, 실패, 나에 대한 좋지 않은 관중의 시선, 핑계를 포기해야 하는 모든 두려 움, 이것이 운동장에서 프로선수들에게 필요한 용기이다.

생각 풀기

용기(勇氣, Courage)란 무엇인가?
내면의 소리를 솔직하게 이야기하라.

생각 보기

스포츠 상황에서 용기는 자신의 실수를 인정하는 것뿐만 아니라 타인을 배려할 때도 드러난다. 한 고등학교에서 남학생들의 농구경기 심판을 보던 때의 일이다. 경기가 진행되면서 양 팀 선수들의 개인 반칙이 5개가 되어 경기장에서 벤치로 나가야 하는 상황이 반복되었다. 그리고 결국에 코트에는 4명만이 남는 상황이 되었다. 이때 상대 팀 주장선수가 스스로 자신 팀의 선수를 벤치로 나가게 하여 4대4로 경기를 진행하였다. 학생들을 지도하는 교사로서 그 주장 학생의 용기 있는 결정을 잊을 수가 없다. 스포츠가 청소년들에게 주는 교육적 유익은 일반 사회에서 생각하는 경쟁의 논리로만은 설명할 수 없다. 이들이 생각하고 실천하는 공정함은 승자독식 사회에 대한 날카로운 지적이다.

생각 쓰기

1997년에 열린 유타와 시카고의 NBA 결승전에서 있었던 일이다. 중요한 순간마다 정확하게 전달해주는 능력 덕에 '우편배달부'라고도 불리는 유타 재즈의 포워드 칼 말론은 경기가 몇 초 남지 않은 상황에서 자유투를 두 개나 놓쳤다. 유타는 졌다. 말론이 슛을 하기 전에 스코티 피펜은 그에게 "칼, 우체부는 일요일에 배달하지 않아"라고 말했고, 이는 매우 효과가 컸다. 하지만 더 중요한 것은 그 이후에 발생한 일이다. 대부분의 선수들은 피펜의 심리적 방해공작 등 여러 요인들을 핑계 삼아 변명을 하려고 했다. 그러나 말론은 달랐다. 그는 모든 책임을 떠안았다. 그는 자신의 실수를 순순히 인정했고, 다음에는 더 잘하겠다는 다짐을 이야기했다. 칼 말론은 그날 용기가 무엇인지 확실하게 보여주었다.

『나를 점프해』 '여섯 번째 슛 : 용기' 중

솔직하게 이야기 하라

1 영상에서 야구, 배구, 농구 종목 중 가장 인상적인 종목은 무엇이며, 이런 용기 있는 행동은 팀에 어떤 긍정적인 효과로 나타나는지 이야기해보시오.

종목 :

긍정적인 효과:

2 위 영상과 아래 글의 공통점은 '용기' 입니다.

> 스포츠에 있어서 용기는 가장 간단하게 말하자면 팀을 위해 나의 모든 힘을 쏟아 붓는 것이다. 농구에서는 루즈볼이 있을 때 바닥이 딱딱한 것을 잊고 그것을 쟁취하기 위해 몸을 날리는 행동이다. 리바운드를 시도했다가 얼굴을 팔꿈치로 가격 당했을 때 다음번에는 더 공격적으로 나갈 것을 잊지 않는 마음이다. 압박수비를 펼칠 때 상대가 거대한 포워드를 이용한 스크린으로 당신을 끌고 들어간다면 그 스크린과 싸워서 이겨내는 강인함이다.
>
> 『나를 점프해』 '여섯 번째 슛 : 용기' 중

스포츠에서 용기는 무엇이라고 생각하는지 작성해보시오.

_____

_____

_____

3 다음은 농구 경기에서 하이파이브, 세리머니 등 팀원에게 용기를 줄 수 있는 행동의 긍정적인 효과와 부정적인 효과입니다.

긍정적인 효과	부정적인 효과
동료 선수가 멋진 플레이를 하거나 승리를 했을 때, 기쁨의 하이파이브를 표현하기도 하지만 반대로 실수를 하거나 좋지 못한 플레이를 할 경우에도 하이파이브를 한다. 하이파이브를 통해 미안해 하는 동료에게 용기와 격려를 주고 팀원 간의 팀워크를 돈독하게 하는 긍정적인 효과가 있다.	○○○선수가 3점슛이나 덩크슛을 성공하면 활쏘기, 돈 뿌리기, 오토바이 타기 등 세리머니로 팬들의 시선을 한몸에 받는다. 하지만 세리머니가 과하고 잦다는 이유로 다른 구단의 안티팬도 많이 생긴다. 이번 경기역시 사소한 동작으로 상대방을 자극하는 것으로, 동료에게 용기와 격려를 주는 것과는 다른 문제다.

❶ 우리 팀에게 용기와 격려를 북돋을 수 있는 세리머니를 만들어 작성해보시오.

_____

_____

_____

❷ 모둠원과 함께 세리머니를 한 후 느낀 감상을 작성해보시오.

~~~~~~

~~~~~~

~~~~~~

~~~~~~

~~~~~~

~~~~~~

 농구 길라잡이 6

농구의 공격 변화를 만드는 개인 전술, 팀의 협력 전술에 대한 핵심 키워드를 빈칸에 작성해보시오.

① (더블팀)은 실력이 좋은 상대 선수 한 명을 두 명이 협력하여 수비하는 방법이다.

② (지역방어)는 상대방의 공격 방법과 특성에 맞게 5명의 수비수가 일정한 지역을 각각 분담하여 방어하는 방법이다.

③ 사전에 약속된 플레이로, 숫자를 통해 공격을 지시하는 플레이 방법을 (넘버 플레이)라 한다.

④ (박스아웃)은 리바운드를 하기 위해서 자리를 잡는 방법이다.

⑤ (대인방어)는 5명이 자신이 수비해야 하는 공격자를 정하고, 각자 책임을 갖고 1대1로 수비하는 방법이다.

✏️ 논술문항

　　용기는 겁이 없는 것과는 다름을 강조할 필요성이 있다. 용기는 두려움을 받아들이고 극복해낸다. 부상, 실패, 나에게 좋지 않은 시선, 핑계를 포기해야 하는 두려움을 극복해낸다.

　　슛의 실패는 다른 선수를 긴장시킨다. 그들은 의식적으로든 무의식적으로든 주저하기 시작한다. 한번 더 슛하는 것은 득점기회가 아닌 고문이기 때문에 슛하는 것 자체를 멈춘다. 반대로 훌륭한 선수는 계속해서 시도하려고 덤빈다.

〈출처: 『나를 점프해』 빌 브래들리 지음, 이태구 옮김〉

　　13일 태릉 빙상장에서 취재진과 만난 유영은 "2022년 올림픽에 출전하는 것이 목표다. 올림픽이라는 무대에서 유영이라는 이름이 널리 알려졌으면 좋겠다."며 '거기에 더하면 금메달을 따는 것이 목표'라고 밝혔다. 유영은 "고난이도 점프를 연습하면서 부상에 대한 걱정은 항상 있다. 쿼드러플 점프는 남자 선수들에게도 어려운 점프고, 쉽게 도전할 수 없다."며 "하지만 지금은 여자도 있어야 하는 시대다. 쿼드러플 점프 도전이 쉽지 않지만, 꿈이 있으니 꼭 실전에서 해내고 싶다."고 전했다. 트리플 악셀을 연습하면서 포기하고 싶었던 적도 많았다는 유영은 "'이걸 꼭 해야 하나' 하는 생각도 많이 했다. 하지만 돌이켜 생각해봤을 때 트리플 악셀을 하지 않았다면 그 자리에 머무르고, 나아지지 않았을 것이다. 나의 선택에 후회는 없다."고 되돌아봤다.

　　비시즌이 되면 본격적으로 4회전 점프를 훈련할 계획인 유영은 "현재 성공률은 10%가 채 되지 않는다. 비시즌 때 연습을 많이 해서 성공률을 높이고 싶다."며 "장

담은 하지 못하지만, 늦어도 2021~2022시즌에는 꼭 포함하고 싶다."고 의욕을 드러냈다.

〈출처: NEWSIS, 2020. 02. 13〉

❶ 농구수업이나 경기에서, 도전하고 싶은 구체적인 과제(목표)를 3가지 이상 쓰시오.

별도의 논술 답안지에 작성하시오

❷ **A** **B** 의 제시문을 바탕으로 **❶** 을 이루기 위한 방법과 마음가짐에 대해 논술하시오.

별도의 논술 답안지에 작성하시오

1. 용기를 내서 도전하기 위해 필요한 구체적인 목표에 대한 물음이다. 한 단계 더 상승하기 위한 도전에는 실패를 딛고 일어날 수 있는 용기가 필요하다. 그러나 구체적인 도전 과제(목표)가 설정되지 않는다면 용기를 발휘하기는 더욱 어려울 것이다. 용기는 실패에 대한 두려움을 이겨내고 행동으로 이끌어가며 결과를 만들어내는 힘을 말한다.

2. 농구에서 훌륭한 선수가 되기 위한 과정이나 피겨스케이팅에서 한단계 성장하는 선수가 되기 위한 과정에서 반드시 필요한 것이 바로 구체적인 도전 과제(목표) 설정이다. 안정된 삶을 딛고 일어나 불확실성에 대해 도전하는 일, 가보지 않은 길로 출발하는 마음가짐에는 용기가 필요하다. 이러한 마음가짐에 대해 생각을 정리해 보는 물음이다.

1. 도전하고 싶은 구체적인 과제(목표)가 기술되었는가를 평가함.
   ① 자신이 가진 환경이나 수준, 여건을 고려하여 과제가 설정되었는가?
   ② 내용이 구체적이며, 도전적인 과제인가?

2. 자신의 생각을 다른 사람에게 정확하게 전달하는가를 평가함.
   ① 주장이나 생각이 분명한가?
   ② 주장을 뒷받침하는 논거가 체계적이며, 적절하게 제시되었는가?
   ③ 자신이 밝힌 관점이나 입장에 일관성이 있는가?
   ④ 핵심내용이 충분히 표현되었는가?
   예시 꿈과 희망, 도전 과제, 도전에 대한 의지, 용기, 자신에 대한 믿음, 긍정적인 피드백 등

유형 B 솔직하게 이야기하라

1 영상에서 선수들이 한 행동의 의미를 분석하고, 이 선수들이 전하고자 했던 메시지는 무엇인지 작성하시오.

오른손을 든 행위	검은색 장갑	흰색 뱃지

메세지

2 다음 글을 읽고 학생들이 불안을 일으키는 원인과 '미움 받을 용기'가 필요한 이유에 해당하는 부분에 밑줄을 긋고, 그 의미를 생각해보시오.

『스포츠 멘탈코칭 EFT』의 저자이자 EFT스포츠심리센터 김병준 멘탈 코치는 선수들과 상담하면서 많이 듣는 말이 있다고 한다. 특히 초등, 중학, 고교 엘리트 선수들에게서 "플레이 하나 할 때마다 눈치 보는 게 너무 힘들다" "눈은 공을 보고 있는데, 머리는 벤치를 보고 있다" 등을 많이 듣는 말로 꼽았다.

이런 선수들의 공통점은 '미움 받을 용기'가 없다는 것이다. 선수들은 실수에 대한 심한 두려움을 가지고 있다. 욕 한번 듣기라도 하면, 마치 큰일이라도 날 것처럼 굉장한 공포감을 가진다. 특히 야구선수들에게는 장시간 억압된 두려움이 손과 팔의 감각이상으로 나타나곤 하는데, 송구 실패에 대한 두려움으로 공을 제대로 던지지 못하는 경우가 많다. 이를 '스티브블래스 증후군', 야구 은어로 '쪼당'이라 부른다. 손목의 스냅 힘을 제대로 주지 못하고 공을 밀어 던진다던지, 손과 팔이 안쪽으로 말려들어가면서 공이 엉뚱한 곳으로 송구되는 등 다양한 불안 증세로 선수들이 많은 스트레스를 받는다.

이는 야구에서뿐만 아니라 골프, 사격, 양궁도 마찬가지이다. 샷을 하거나 총, 활을 쏠 때, 실패에 대한 두려움이 손가락이나 팔, 어깨 부위에 경련 증세를 일으킨다. 그래서 많은 선수들이 제대로 격발을 못하거나 활을 한 번에 놓지 못해 힘들어한다.

이처럼 어린 운동선수들의 불안을 야기하는 원인 중 하나는 훈련 환경에 있다. 폭력적이고 강압적인 훈련 분위기, 실수에 대한 수치심을 느끼게 하는 언행, 완벽을 강요하는 반복적인 훈련, 선수 개개인의 특성을 무시하고 행해지는 천편일률적인 코칭, 심리적인 부분은 등한시 한 채 기술훈련에만 혹사되는 등. 그 과정 속에서 선수들은 크고 작은 상처를 받는다.

그렇다고 선수들이 팀의 훈련 분위기를 바꿀 수는 없다. 선수 스스로가 그런 환경 속에서 자신의 마음을 단단하게 만들 필요가 있다. 대부분 선수들이 기술 훈련은 밤늦은 시간까지 열심이지만, 마음의 영역은 훈련을 거의 하지 않는다. 사실 안한다기보다 어떻게 하는지 모르고 방치한다는 말이 맞을 것이다. 단순히 강한 멘탈을 가지라고 선수들을 다그칠 것이 아니라 구체적인 마음 훈련 방법을 알려주는 것이 어떨까.

'욕 먹어도, 비난 받아도 나는 괜찮고 안전하다'는 마음이 선수의 무의식에 자리 잡기 시작하면 그와 관련한 감각이상 증세, 입스(Yips), 송구불안, 눈치 보는 마음 등 여러가지 멘탈 문제가 좋아진다.

〈출처: 데일리시큐 (https://www.dailysecu.com)〉

3 체육 활동 중 친구들이 불안한 마음을 갖지 않게 하는 방법과 '미움받을 용기'를 응원할 수 있는 수업환경을 만들기 위한 실천방안을 찾아보시오. (개별 or 모둠)

불안 해소 방법	'미움받을 용기' 응원 환경

4 친구들에게 자신이 작성한 3번 문항의 내용을 발표하고, 친구들이 이야기한 내용을 경청하여 정리한 후 모두가 행복한 체육 활동을 위해 실천해보시오.

논술문항

용기란 두려움이 없는 것이 아니다.
용기란 두려움에도 불구하고 그것을 하는 것이다.
스포츠는 항상 위험이 따른다. 조금 더 빨리 달리기 위해,
조금 더 높이 오르기 위해 위험을 감수해야만 한다.
그리고 그것이 나를 살게 했다.

- 철인3종경기 선수, 사라 레이너첸

나와의 싸움에서 이기는 것이 중요하다.
하지만 매번 나에게 싸움을 걸 수 있는 용기,
그것이 더 중요하다.

- 필리핀 복싱 영웅, 매니 파퀴아오

❶ 스포츠에서 용기를 발휘해야 하는 상황을 2개 이상 구체적으로 작성하시오.

별도의 논술 답안지에 작성하시오

❷ 스포츠에서 수많은 패배와 위험, 실패를 마주하더라도 끝까지 용기를 지켜나가기 위해서
가장 중요한 것 한 가지를 제시하고, 그 이유가 무엇인지 작성하시오.

> **예시** 나를 지지해줄 팀원, 능력 있는 리더, 가족 등 주변 사람들의 기대,
> 승리하고자 하는 의지, 성과에 대한 보상, 애국심 등 (예시를 활용하지 않아도 무관함)

별도의 논술 답안지에 작성하시오

스포츠의 기본 가치는 경쟁을 배경으로 하기 때문에 항상 패배라는 위험이 존재한다. 패배를 피하고 승리를 취하기 위해서 큰 노력을 기울여야만 한다. 때로는 위험한 상황에도 도전해야 하며, 포기하고 싶은 마음을 이겨나가야 한다. 용기는 이러한 어려움을 이겨나가는 힘이기 때문에 스포츠에서 매우 중요하다. 스포츠는 하나의 상황학습이다. 스포츠가 만들어준 경쟁적인 상황에서 학생들은 용기를 키우는 법을 배운다. 그리고 스포츠에서 발휘된 용기는 일상생활에서 다시 나타날 수 있다. 이를 위하여 학생들이 스포츠에서 용기를 냈던 경험을 토대로 그것을 어떻게 유지하는지에 대해 생각할 필요가 있다.

1. 스포츠에서 용기를 발휘해야 하는 상황을 물어 용기에 관한 생각을 확장할 수 있도록 했다. 제시된 두 스포츠 스타의 말이 용기란 무엇인지에 대한 힌트로 주어졌다.
2. 잠깐의 용기가 아니라 그 용기를 어떻게 지켜나갈 수 있을지를 물었다. 그를 위하여 가장 중요한 것이 무엇인지 생각해볼 수 있도록 하였고, 예시를 제공하여 학생들이 원활하게 작성할 수 있도록 도왔다.

1. 스포츠에서 용기를 발휘해야 하는 상황을 2가지 이상 구체적으로 작성하였는가?
   ① 패배 이후에도 실망하지 않고 다시 도전하는 것
   ② 어려운 연습 과정에서도 피하지 않고 꾸준히 참여하는 것
2. 용기를 지켜나가기 위해서 가장 중요한 것 한 가지를 명확하게 제시하였는가?
3. 자신이 제시한 내용에 적합한 이유를 구체적으로 작성하였는가?
   예시 용기를 지켜나가는 것은 어려운 일이다. 하지만 나를 지지하는 팀원이 있다면 그 용기를 지키기에 큰 도움이 될 것이다. 실패 속에서도 자신이 무엇을 잘못했고 앞으로 어떻게 이겨나가야 할지를 함께 고민하고 지지해 주는 팀원이 있다는 것이 가장 중요한 요소라고 생각한다.

유형 C 솔직하게 이야기하라

항상 갈망하라

1 영상에서 스티브 잡스의 연설처럼 삶 속에서 용기를 내 도전한 일들을 생각해보고 작성해보시오.

2 용기와 관련하여 골키퍼 빅토르 발데스의 '중압감을 극복하라'의 8단계에서 자신이 실천할 수 있는 단계를 찾아 작성해보시오.

〈 중압감을 극복하는 방법 〉
FC 바르셀로나 골키퍼 빅토르 발데스

1단계 목표를 단계적으로 설계하라
2단계 겸허한 마음으로 인생을 단순화하라

3단계 건강한 습관을 가져라

4단계 훈련, 훈련, 또 훈련하라

5단계 당신만의 버킷리스트를 채워라

6단계 결정적인 순간을 시각화하라

7단계 결정적인 순간에 냉담해져라

8단계 성공을 관리하고 새로운 목표를 설정하라

〈출처: 〈빅토르 발데스, 중압감을 극복하라〉
빅토르 발데스 지음, 윤승진 옮김, 한스미디어, 2015〉

❶ 자신이 실천해보고 싶은 단계는 무엇인가요?

❷ 선택한 단계를 실천하기 위한 방법을 구체적으로 작성하시오.

❸ 앞으로 삶 속에서 이루고 싶은 당신만의 버킷리스트를 단계별로 제작해보시오.

용기를 가지고 도전하는 삶의 버킷리스트

1
2
3
4
5
6
7

❹ 위 버킷리스트 중 현재 실행 가능한 한 가지를 선택하여 구체적인 계획을 작성하시오.

버킷리스트 (   ) 번 목표 :

중요도 (자신에게 있어 중요한 목표인지 Check)	상	중	하
구체적인 계획 (목표를 이루기 위한 구체적인 활동내용)			
시작 (목표를 추구하기 위한 시작 날짜)			
완성 (목표가 달성될 예상 날짜)			

논술문항

❶ 맥스웰 선수가 무릎을 꿇어 전달하고자 하는 의미는 무엇인지에 대해 서술하시오.

별도의 논술 답안지에 작성하시오

❷ 스포츠에서 자신의 신념에 따른 항의의 표시로 실시하는 다양한 세리머니에 대해 찬성 또는 반대의 입장을 정하고, 이를 1000자 이내로 논술하시오.

별도의 논술 답안지에 작성하시오

깊이 있는 접근을 위한 사전 활동

- 1단계 자신의 신념을 표현하기 위한 스포츠 세리머니의 다른 사례를 조사하기
- 2단계 조사한 내용을 바탕으로 모둠 토의 진행하기
- 3단계 논술평가 실시를 통해 자신의 생각을 정리하고 전달하기

1. 자신이 맥스웰 선수의 입장이 되어 생각해 보는 물음이다. 사전 조사활동을 통해 맥스웰 선수가 그러한 행동을 하기까지의 미국사회를 이해하는 과정이 필요하다.
2. 스포츠 선수의 신념에 의한 세리머니는 자주 논쟁의 대상이 되고 있다. 선수 개인의 신념은 항상 경기장 밖에서 표현되어야 하는가? 아니면 헌법이 보장하는 표현의 자유처럼 자신에게 주어진 조건을 최대한 활용하는 것이 옳은가? 라는 논점 속에서 정해진 답을 찾기보다는 자신의 생각을 정리해서 글로 표현하는 능력을 보고자 하는 물음이다.

채점 평가 기준

1. 글의 핵심내용을 찾아 정확하게 전달하는가를 평가함.
   ① 미국 내의 인종차별 문제
   ② 평등의 촉구
   ③ 우월주의 문화 등
2. 자신의 생각을 정확하게 전달하는가를 평가함.
   ① 주장이나 생각이 분명한가?
   ② 주장을 뒷받침하는 논거가 체계적이며, 적절하게 제시되었는가?
   ③ 관점이나 입장에 일관성이 있는가?
   예시 핵심내용: 스포츠의 정치 도구화, 경쟁과 화합의 도구로서의 스포츠, 스포츠의 대중성 등

하토야마 "日, 진정한 애국심은 잘못을 사과하는 용기"

하토야마 유키오(鳩山由紀夫) 전 일본 총리는 일제강점기 독립투사들이 투옥
돼 고문을 당했던 서대문형무소를 방문해 무릎을 꿇고 사죄한 데 이어 13일 과거
침략과 식민지배에 대한 일본의 끊임없는 사과와 동아시아 평화를 위한 공동체
창설을 제안했다. 그는 연설에서 무라야마담화와 고노담화 등을 언급하며 "이런
마음의 표현은 (일본이) 상처 입은 나라들의 국민께서 '그만두어도 좋다'라고 하
는 시기가 올 때까지 계속해야 한다."고 말했다.

〈출처: 서울신문, 2015. 08. 13〉

Q 국가 지도자가 갖추어야 하는 진정한 용기는 무엇일까? (국익과 양심이라는 키워드를 활용
하시오)

7장 리더십

최선을 이끌어낸다

생각
열기

2002 한일월드컵에서 히딩크 감독은 우리나라 축구팀이 사상 처음으로 16강에 진출하여 자축하고 있을 때, '나는 여전히 배가 고프다'라는 말로 선수들이 들뜬 감정을 추스르고 경기에 집중하도록 이끌었다. 리더는 공동체의 목표를 달성하기 위해 구성원 모두가 과업에만 집중하도록 자신의 행동과 말을 사용한다. 그래서 훌륭한 리더들은 정확한 상황판단 능력에 기반한 구성원들의 동기유발에 뛰어난 사람들이다.

생각
풀기

리더십(Leadership)이란 무엇인가?
변혁적 리더십은 어떤 것인가?

생각
보기

'리더십: 최선을 이끌어내다'의 세 가지 영상은 스스로 헌신하는 리더, 공
동체의 리더가 구성원에게 동기를 부여하고, 패배감 속에 빠져있는 선수
를 일으켜 세워 개인과 공동체의 발전을 이루는 사례들을 제시하고 있다.
최근 스포츠 영역에서는 변혁적 리더십에 주목한다. 이는 리더의 특성을
만들어내거나 행동을 만들어내는 상황적 요인에 근거한 리더십이다. 기
존의 리더십들이 하위자에게 책임을 명확히 제시하는 것부터 시작했다
면, 변혁적 리더십은 주어진 목적의 중요성과 의미에 대한 하위자의 인식
수준을 높이는 것에서 시작한다. 그래서 변혁적 리더는 카리스마와 더불
어 구성원들에 대한 개별적 배려를 중요시 한다.

생각
쓰기

시카고 불스의 필 잭슨에게 있어서 프로 팀 코치로서의 리더십의 주된 역
할은 선수들이 그들 자신보다 더 크게 도전할 수 있도록 하는 것이다. 가
장 단순하게 말하자면, 우승이 경기의 목적이지만 그 목적을 달성하기 위
해서는 코치가 눈 앞의 경기보다는 더 큰 맥락에서 그림을 수시로 만들어
내야 한다. (중략) 피트 캘럴이 생각한 '리더십'이란 그의 팀원들에게 그들
이 할 수 있다는 생각보다 조금 더 많은 것을 요구하고, 그렇게 함으로써
그들이 정말로 조금 더 많이 할 수 있게 하는 것이다. 이러한 이유로 프린
스턴대학 농구팀이 가끔 놀라운 경기력을 보여줄 수 있었다.

『나를 점프해』 '일곱 번째 슛 : 리더십' 중

최선을 이끌어낸다

1. 학점을 ○○ 이상 받을 것
2. 모든 ○○ ○여할 것
3. 수업시간에 ○○ 자리에 앉을 것

1 영상에서 학생들의 마음을 크게 움직이게 한 카터 코치의 행동은 무엇이며, 그 이유를 적으시오.

_____

_____

_____

_____

2 위 영상과 아래 글의 공통점은 '리더십' 입니다.

> 농구에서 위대한 리더들은 변화를 두려워한 적이 없었다.
> 그들은 자신들만의 신념에서 비롯한 힘으로 팀을 이끌었다. 그리고 무엇보다도 ㉠ 그들이 이끄는 사람들에게서 최고의 것을 이끌어냈다.
>
> 『나를 점프해』'일곱 번째 슛 : 리더십' 중

❶ 밑줄 친 ㉠에서 최고의 것을 이끌어내는 방법에는 무엇이 있을까요?

~~~~~~
~~~~~~
~~~~~~
~~~~~~
~~~~~~

❷ 부모님, 선생님, 친구로부터 나의 능력을 최고로 이끌어낸 말 또는 행동을 경험한 적이 있다면 구체적으로 작성해보시오.

~~~~~~
~~~~~~
~~~~~~
~~~~~~

3 다음은 리더십 유형 중 민주적 리더십에 대한 정의입니다.

민주적 리더십
지도자가 조직 구성원들을 의사결정에 참여시키는 리더십이다.

1 민주적 리더십을 생각하면 떠오르는 단어를 적어보시오.

2 민주적 리더십의 장단점을 작성해보시오.

 농구 길라잡이 7

농구 경기의 파울

* **퍼스널 파울**

   신체 접촉으로 발생하는 반칙. 파울 지점에서 가장 가까운 경계선 밖에서 상대 팀에게 스로인이 부여되고, 슛 동작에서 파울을 했을 때에는 자유투가 주어진다.

* **바이얼레이션 파울**

   신체 접촉이 없는 반칙. 퍼스널 파울, 테크니컬 파울이 아닌 경기 규칙을 위반했을 때 발생하며 공의 소유권이 상대 팀에게 넘어간다.

* **파울 종류**

   퍼스널 파울: 푸싱, 홀딩, 블로킹, 트리핑
   바이얼레이션 파울: 트레블링, 더블 드리블, 키킹
   기타 파울: U파울, 테크니컬 파울, 팀 파울

✏️ 논술문항

스포츠 리더십 전문가인 제프 젠센과 그렉 대일은 성공하는 감독들이 지닌 핵심 자질을 7C로 정리했다. 인성(character), 재능(competence), 헌신(commitment), 배려(caring), 자신감(confidence), 소통(communication), 일관성(consistence)을 말한다. 스포츠팀 감독뿐 아니라 리더가 되고픈 모두에게 해당되는 덕목이다. 리더십의 핵심은 매 순간 이런 자질을 갖추려고 최선의 노력을 하는 것이 아닐까.

〈출처: 〈신문은 선생님〉 조선일보, 최의창, 2019. 1. 8〉

❶ 농구경기에 나타나는 우리 팀의 좋은 점과 문제점에 대해 분석해 보시오.

별도의 논술 답안지에 작성하시오

❷ 제시문에 나타나는 리더의 핵심 자질을 고려하여 우리 팀의 좋은 점은 유지하고 문제점은 개선하기 위한 방법에 대해 논술하시오.

별도의 논술 답안지에 작성하시오

 깊이 있는 문제의 접근을 위한 사전 활동

- 제프 젠센과 그렉 대일이 말하는 '성공하는 감독들이 지닌 핵심 자질 7C'에 대해 이해할 수 있는 사전 활동이 필요하다.
- 모둠활동을 통해 핵심 자질 7C와 다양한 리더십의 유형에 대해 조사하고 토론한다.
- 리더의 핵심 자질과 리더십의 유형을 바탕으로 스포츠, 일상생활과 연결하여 생각을 확장하는 활동을 갖는다.

1. 현재보다 발전적인 팀으로 변화하기 위해서 꼭 필요한 단계인 스스로를 분석하는 과정에 대한 물음이다. 농구수업(농구경기)에 나타나는 우리 팀의 문제점과 좋은 점을 분석해 보면서 팀의 변화를 가져오는 것은 주변의 조건이나 환경이 아니라 스스로를 되돌아보며 장점을 키우고, 단점을 극복하는 것에서 출발한다는 생각으로 연결되길 기대해 본다.

2. 발전적인 팀을 만들기 위해 리더가 갖추어야 할 자질에 대해 보다 깊이 있게 이해해 보기 위한 물음이다. '보스는 가라고 말하지만, 리더는 가자고 말한다'는 더글라스 맥아더의 말처럼 리더의 핵심 자질에 대한 이해를 바탕으로 ❶에서 분석한 내용을 중심으로 우리 팀의 좋은 점은 유지 발전시키고, 문제점은 극복하기 위한 방법에 대해 생각해 보는 과정이 필요하다. 더불어 이 과정을 통해 변화를 이끌어 나가기 위한 다양한 리더십의 유형에 대해 생각해 볼 수 있는 기회로 이어가는 것이 중요하다.

1. 질문의 의도에 맞게 글을 작성하였는가를 평가함.
① 우리 팀의 좋은 점에 대해 구체적인 내용을 중심으로 분석하였는가?
② 우리 팀의 문제점에 대해 구체적인 내용을 중심으로 분석하였는가?

2. 질문에 숨어 있는 의도와 조건을 이해하며, 글을 작성하였는가를 평가함.
① 리더의 핵심자질(7C)를 고려하여 내용을 서술하였는가?
② 자신이 밝힌 관점이나 생각이 일관성이 있는가?
③ 실천 가능한 방법으로 우리 팀의 좋은 점을 유지하고 문제점을 개선하기 위한 방법에 대해 서술하였는가?

[예시] 핵심내용 : 우리 팀의 상황과 여건, 구성원, 고려할 점, 팀을 발전시키기 위해서 필요한 목표와 비전, 동기부여, 보상, 행동의 변화, 목표달성을 위한 지속성 등

유형 B 최선을 이끌어낸다

1 영상에서 경기력이 떨어진 동료에게 리더가 했던 행동은 무엇인가요?
(개별 작성 후 발표)

2 ❶ 리더가 팀을 살리기 위해 해야 할 말과 하지 말아야 할 말은 무엇인가요?
(개별 or 모둠활동)

해야 할 말	하지 말아야 할 말

❷ 팀원이 팀을 살리기 위해 해야 할 말과 하지 말아야 할 말은 무엇인가요?

해야 할 말	하지 말아야 할 말

3 다음과 같은 상황에서 자신이 리더라면 친구들에게 어떤 말과 어떤 행동을 해야 할까요? (개인 or 모둠작성 후 발표)

교내 반 대항 축구대회

우리 반은 우승후보라 불릴 만큼 방과 후 축구동아리 소속 학생들이 많았다. 모두 자신감이 넘쳐 있었다. 그런데......

첫 경기에서 0:3으로 패하고 말았다. 모두 화를 냈다. 특히 축구를 잘한다고 하는 학생들이 수비수들을 향해 비난하기 시작했다. 수비수들 중 반 대표로 나오고 싶지 않았지만 출전 인원을 맞추기 위해 어쩔 수 없이 참가한 선수들도 있었기 때문에 그들도 화가 나가기는 마찬가지였다. 몇몇 학생이 다음 경기에 참가하지 않겠다고 선언했다.

교실 분위기는 험악했고, 침울했다.

4 친구들에게 [문제 3] 내용을 발표하고, 친구들이 발표한 내용도 경청하여 정리한 후 실천할 내용을 적어보시오.

논술문항

리더의 4가지 유형

전망제시형

팀에게 새로운 방향이 필요할 때 가장 적합한 유형으로 새로운 공동의 목표를 제시하고 구성원을 이끈다.

코치형

팀원 개개인의 성과를 향상할 방법을 제시하고 그들의 목표를 조직의 목표와 결부시키도록 도우면서 개인의 발전에 초점을 맞춘다.

관계중시형

팀워크의 중요성을 강조하고 어려운 상황에서도 팀의 불화를 해소시키고 팀원들과 서로 연대해 유대감을 조성한다.

민주형

팀원들의 지식과 기술을 활용하고 목표에 대한 집단적인 헌신을 이끈다.

〈출처: 『감성의 리더십』 장성훈 역, 청림출판〉

❶ 리더십 유형 4가지 중 자신에게 가장 적합하다고 생각하는 유형 한 가지를 선정하고, 그 이유를 작성하시오.

별도의 논술 답안지에 작성하시오

❷ 자신이 스포츠팀의 주장이라고 했을 때, 자신이 선정한 리더십 유형을 고려하여 어떻게 행동할 수 있는지 상황과 함께 구체적으로 작성하시오.

별도의 논술 답안지에 작성하시오

리더십은 다양한 유형으로 구분할 수 있다. 4가지 유형을 설명하고 당면한 과제와 개인의 성격에 따라서 다양한 리더십이 요구될 수 있다는 것을 지도해야 한다. 리더십의 유형에 따른 좋고 나쁨이 있는 것이 아니므로 이유를 작성하는 것에 집중할 수 있도록 한다.

1. 4가지 리더십 중 한 가지를 선정하여 그것이 왜 자신과 맞고, 중요한지 그 이유를 작성하도록 했다.

2. 스포츠 상황에 리더십의 유형을 적용하여 작성할 수 있도록 구성했다. 스포츠팀의 리더로서 어떤 상황에서 어떤 행동을 할 것인지 구체적으로 작성한다.

1. 리더십 유형 한 가지를 선정하고 그 이유를 구체적으로 제시하였는가?

> **예시** 각 유형은 옳고 그름이 있는 것이 아니며 과제와 개인의 성격에 따라 달라진다. 하지만 내가 가장 중요하다고 생각하는 리더십 유형은 관계중시형이다. 대부분의 과제는 혼자 해결할 수 없다. 해야 할 일의 양이 많을 수도 있고 여러 사람의 지혜가 모여야만 해결될 때도 있다. 관계가 좋지 못한 팀에서는 문제의 해결이 더디거나 어려울 뿐 아니라 그 과정 또한 즐겁지 않다.

2. 스포츠팀의 주장으로서 자신이 선정한 리더십 유형에 따른 행동을 구체적으로 작성하였는가?

> **예시** 만약 농구팀의 주장이고 대회를 준비하는 과정에 있다면 팀원들과 함께 많은 시간을 보내고 싶다. 연습시간에 꼭 연습을 하지 않더라도 팀원 간에 깊은 관계를 맺고 싶다. 서로에 대한 이해가 쌓이고 개개인의 특징과 능력을 이해하게 된다면 그것은 분명 경기에서도 드러나리라 생각한다.

유형 C 최선을 이끌어낸다

1 리더를 중심으로 이동하는 기러기처럼 자신이 이끄는 팀의 팀원이 대열에서 이탈한다면 어떻게 대처할 것인가요?

_____

_____

_____

_____

_____

2 기러기 리더의 리더십과 신영철 감독의 리더십의 공통점은 무엇인가요?

> "팀의 중심은 감독 아닌 선수"…신영철 리더십, 우리카드 3연승 이끌다
>
> "팀의 중심은 감독이 아닌 선수"라며 "자원이 없으면 팀에 맞게 선수를 만들 줄 알아야 한다"는 그의 지도 철학은 과거 한국전력에 이어 우리카드에서

도 빛나고 있다. 공중에서 내려오면서 공을 때리던 레프트 나경복의 습관을 바로잡은 그는 신인 황경민과 윙스파이커 조합을 굳히면서 효과를 봤다. 이어 트레이드로 시즌 중반 새롭게 합류한 세터 노재욱의 볼 컨트롤 습관도 지속해서 수정했고 높은 공을 좋아하는 그의 성향을 다른 공격수가 인지하고 단기간에 시너지를 내도록 이끌면서 전력 상승에 화룡점정했다. 어느덧 공수에서 안정적이고 빠른 신 감독의 배구가 나오고 있다.

〈출처: 스포츠서울, 김용일, 2018. 12. 03〉

기러기 리더의 리더십에서 연상되는 단어	배구감독의 리더십에서 연상되는 단어

두 리더의 공통점은 무엇인가요?

3 리더십의 예시를 살펴보면서 자신만의 리더십 스타일과 추구하는 방향에 대하여 작성해보고 발표를 통해 공유해보시오.

〈 3가지 리더십 유형 〉
– 레빈(Lewin), 리피트(Lippitt), 화이트(White)의 지도성 이론
• 권위적 리더십(Authoritative): 지도자가 조직의 의사나 정책을 스스로 결정하고 구성원들이 일방적으로 따라오게 하는 리더십
• 민주적 리더십(Democratic): 지도자가 조직 구성원들을 의사결정에 참여시키는 리더십
• 자유방임적 리더십(Laissez-faire): 지도자가 조직의 의사결정과정을 이끌지 않고 조직 구성원들에게 의사결정권한을 위임하는 리더십

〈출처: 〈조직과 인간관계론〉 이택호·강정원·박정우, 북넷, 2013〉

❶ 실패를 거듭하여 몸과 마음이 모두 지친 팀입니다. 이 스포츠클럽 팀의 리더로서 위의 리더십 예시를 보고 본인만의 어떤 리더십으로 팀을 이끌 것인가요?

자신만의 리더십 스타일 이름 작명하기 (예시: 최고 리더십, 대한민국 리더십)

자신이 추구하는 리더십의 방향은 무엇인가요?

❷ 위에서 작성한 자신만의 리더십 스타일에 맞추어 팀원에게 격려와 응원의 말을 작성해보시오.

✏️ 논술문항

지도자가 되기 위한 10가지 법칙

1 용기가 있어야 한다.
2 스스로 엄격하게 통제해야 한다.
3 공정한 마음과 정의감이 있어야 한다.
4 결단력이 있어야 한다.
5 계획을 수립하고 실천하는 능력이 있어야 한다.
6 부하를 감싸주고 봉사해야 한다.
7 성격이 쾌활해야 한다.
8 인정이 있어야 한다.
9 모든 일에 대해 정확히 잘 알고 있어야 한다.
10 책임감이 강해야 한다.

- 나폴레온 힐

❶ 나폴레온 힐이 제시하는 "지도자가 되기 위한 10가지 법칙" 중 자신이 생각하는 가장 중요한 법칙 두 가지를 선택하고, 그 이유를 설명하시오.

별도의 논술 답안지에 작성하시오

❷ 내가 지도하는 팀에 선수 A, 선수 B가 있다. 이 두 선수 중 자신이 지도하고 싶은 선수를 선택하고, 선택한 이유를 "지도자가 되기 위한 10가지 법칙"과 연결하여 800자 이내로 논술하시오.

선수 A	선수 B
1. 연습의 적극성이 부족하다.	1. 연습에 항상 최선을 다한다.
2. 경기에서는 뛰어난 실력을 보인다.	2. 경기에서는 평균 이하의 모습을 보인다.

1. 다양한 리더십 유형이 존재하는 현대사회에서 리더가 다른 사람에게 미치는 영향에 대해 살펴보고, 이를 통해 리더가 갖추어야 할 올바른 마음가짐과 자질형성을 위한 도구로 활용하기를 바라는 물음이다.

2. 대립하는 가치 속에서 리더가 어떤 원칙과 가치관을 갖고 조직(팀)을 이끌어 갈 수 있는가를 살피는 물음이다. 다른 두 유형 속에서 자신이 속해있는 조직의 형태와 역할(예를 들면 학교의 교사인지, 프로팀의 감독인지)에 따라 다른 선택을 할 수도 있다. 이를 통해 비판적으로 성찰하는 한편, 자신의 철학과 가치관을 정리할 수 있는 계기가 되기를 바랐다.

1. 질문의 의도에 맞게 글을 작성하였는가를 평가함.
   ① 가장 중요한 법칙 두 가지를 선택하여 주제에 맞게 서술하였는가?
   ② 논리적이고 일관성 있게 이유를 서술하였는가?

2. 질문에 숨어 있는 의도와 조건을 이해하며, 글을 작성하였는가를 평가함.
   ① 두 선수(선수 A, 선수 B)의 차이를 이해하고 자신(리더)이 속한 위치(역할)를 고려하였는가?
   ② 두 선수(선수 A, 선수 B)가 갖는 문제점과 차이점을 효과적으로 분석하여 서술하였는가?
   ③ 자신이 밝힌 관점이나 생각에 일관성이 있는가?

Plus

사람은 무엇을 품느냐에 따라 삶이 달라진다. 어떤 사람은 돈을 품고, 어떤 이는 꿈을 품고, 박항서 감독은 선수를 가슴에 품었다. 선수의 마음을 얻어 최고의 성과를 이끌어 낸 히딩크 감독과 같다. 박항서 감독은 부임 때부터 선수나 자신이나 모두 스마트폰 사용을 제한하고 소통을 위해 세심한 배려를 쏟았다. 또한 선수 개개인의 기초체력을 키우고 강화시켰다. 감독이 선수들의 신뢰를 얻기 위해 할 수 있는 일들을 다했다. 어린 선수들의 발을 씻겨주는 세족이나 마사지만이 아니라 비행기에서는 자기 좌석을 부상당한 선수를 위해 기꺼이 양보하고, 우승 상금은 어려운 베트남 사람들에게 기부했다.

〈출처: 서울 NGO신문, 2019. 12. 19〉

Q 박항서 감독이 보여주는 리더십의 핵심은 무엇일까?

8장 책임감

예외는 없다

책임감은 외부에서 부여된 객관적 책임과 내면적으로 경험하는 주관적 책임으로 구분해 이해할 수 있다. 사회적 동물로서 인간은 공동체의 일원으로 기능하려면 객관적 책임과 주관적 책임의 조화 속에서 자신의 과업을 수행해야 한다. 행동의 실천 덕목으로서 청소년들에게 책임감의 함양은 민주시민의 자질 함양이라는 측면에서 가치가 있다.

실천

자기관리

공동체

포지션

생각
풀기

책임감(責任感, Responsibility)이란 무엇인가?
책임감은 어떻게 발달하는가?

생각
보기

'책임감: 예외는 없다'의 세 가지 영상들은 공동체 구성원으로서 객관적
책임 안에서 문제해결을 위해 희생을 감수하는 삶과 주관적 책임에 기반
한 삶의 실천이 한 개인과 공동체에 어떤 유익을 주는지를 보여주는 사례
들을 제시하고 있다.

학생들이 학교에서 경험하는 단계적인 책임지기 과정에는 무엇이 있을
까? 학교스포츠클럽 경기 참가 활동이 이에 해당한다. 팀원으로서 책임을
인식하고, 팀원들과 사회적 관계를 형성하면서 공동으로 노력하는 스포
츠 활동을 통해 학생들은 책임감을 함양하고, 책임 수행에 성실한 시민으
로 성장한다.

생각
쓰기

훈련하기, 기술 연마하기, 규칙 따르기는 거의 모든 선수들에게 당연하게
여겨진다. 그러나 팀에 대한 선수의 책임감은 그만큼 알아채기 쉬운 내용
이 아니었다. 어떤 선수도 자신이 원하는 만큼의 득점, 드리블, 리바운드
그리고 패스를 훌륭하게 해낼 수는 없다. 감독은 각자에게 자신의 역할을
정확히 명시해줄 수는 있지만 결국에 최종적으로 이를 충족하는 것은 본
인만이 할 수 있다. 경기 전략에 자신의 재능을 맞춰야 한다.

『나를 점프해』 '여덟 번째 숏 : 책임감' 중

유형 A 예외는 없다

후 팀 훈련을 마치고 나면
격적으로 개인훈련을 시작한다

1 최고 연봉의 스포츠 스타들의 영상을 통해 어떤 점이 인상적이었으며, 이유는 무엇인지 작성해보시오.

2 위 영상과 아래 글에서 책임감에 대한 공통적인 생각이 무엇이라고 생각하나요?

> NBA에 남고 싶어 하는 선수라면 자신의 상태에 각별히 신경써야 한다. 칼 말론은 보통의 선수들이 은퇴하는 나이를 아득히 지나고서도 경기에 참여하고 싶어 했다.
>
> 이를 위해 1년 내내 운동을 했다. 그는 거의 매일 같이 웨이트트레이닝을 하고 러닝머신 위를 달리고 스트레칭을 한다.
>
> 『나를 점프해』 '여덟 번째 숫 : 책임감' 중

3 반 대항 농구경기 감독으로 선수들을 농구 경기장에 배치하려 합니다. 선수 이름과 농구 포지션을 숫자로 기록해서 표시해보시오.

[① 포인트 가드 ② 슈팅 가드 ③ 스몰 포워드 ④ 파워 포워드 ⑤ 센터]

❶ 농구 포지션을 왜 그림과 같이 배치했는지 적어보시오.

<hr>

❷ 모둠 친구들에게 자신이 만든 ❶ 내용을 설명하시오.

<hr>

 농구 길라잡이 8 ●━━━

농구에서 포지션에 대해 알아봅시다. 포지션의 역할 및 특성을 바르게 연결해보시오.

용어정리 : 포지션
농구는 다른 구기 종목에 비해 포지션별 역할 및 특성이 뚜렷하다. 그러므로 포지션에 대한 책임이 분명하다.

포인트 가드 ●   ● 슛을 통한 득점
슈팅가드 ●   ● 강력한 수비 및 리바운드 가담
스몰 포워드 ●   ● 올라운드 플레이
센터 ●   ● 큰 키를 활용한 골밑 장악
파워 포워드 ●   ● 경기의 운영과 조율

논술문항

　　연습 첫 날은 오프시즌 중에 체력 단련에 진지하게 임한 선수가 누구였는지를 여실히 보여준다. 농구에서는 뛰지 못한다면 경기도 할 수 없다. 첫 연습 전 두 달간 뛰지 않았다는 것은 팀에 대한 책임감을 다하지 않은 것이나 다름없다. 레드 홀츠먼은 닉스 팀원들이 모두 어른이고, 몸 쓰는 일을 통해 돈을 번다는 원칙을 인지하고 있다. ㉠ 컨디션 조절을 제대로 못한다면 본인에게만이 아니라 팀 전체에 해를 끼친다는 사실을 알고 있도록 했다. 또한 '그런 상태에서는 경기에 출전할 생각조차 하지 마라'는 경고도 덧붙였다. 컨디션을 조절하는 일은 개인에게 달려있다. 이따금씩 누군가가 훈련캠프에 안 좋은 몸 상태로 나타나곤 했다. 그에 대한 우리의 반응은 마치 피 냄새를 맡은 상어의 대응과도 같았다. 우리는 그 느림보가 뜻을 알아차릴 때까지 그의 주변을 빙빙 돌았다.

〈출처:『나를 점프해』빌 브래들리 지음, 이태구 옮김〉

❶ ㉠ 컨디션 조절을 못했을 때 팀에 미치는 영향에 대해서 유추하여 서술하시오.

별도의 논술 답안지에 작성하시오

❷ 농구 포지션 중에서 하나를 선택하고, 팀내에서 자신의 포지션에 대한 역할을 다하지 못했을 때 다른 팀원(다른 포지션)에게 미치는 영향을 구체적으로 묘사하여 서술하시오.

별도의 논술 답안지에 작성하시오

1. 책임감은 사전적 의미로 자신이 맡은 책임을 중히 여기는 마음으로 풀이된다. 팀 스포츠에서 책임감은 승패를 떠나 팀의 존폐를 결정할 정도로 중요하다. 제시문은 자신의 행동이 팀에 어떠한 영향을 끼치는지에 대한 깊은 고민을 필요로 하는 대목이다.

2. 농구라는 특정한 종목에서 자신이 담당한 포지션, 역할 등에 대한 책임감을 깊이 있게 고민해 볼 필요가 있다. 농구 포지션별 특징을 이해하고 그 역할에 책임을 다해 수행했을 때 기대되는 모습과 책임을 다하지 못했을 때 펼쳐지는 상황을 상상하여 그려 볼 필요가 있다.

채점 평가 기준

1. 제시문의 상황을 이해하고 자신이 책임을 다하지 못함으로써 팀에게 끼치는 영향을 구체적으로 기술했는가를 평가함.
   ① 제시문의 상황을 제대로 파악하였는가?
   ② 팀에 끼치는 영향을 구체적으로 서술하였는가?

2. 농구 포지션의 특징과 그에 따른 역할을 이해하고 팀에게 끼치는 영향을 구체적으로 기술하였는가를 평가함.
   ① 농구 포지션의 특징과 역할을 이해하고 기술하였는가?
   ② 농구 포지션에 대한 역할을 제대로 수행하지 못했을 때 팀에게 끼치는 영향을 구체적으로 묘사하여 기술하였는가?

유형 B 예외는 없다

1 영상을 보고 인상적인 상황과 떠오르는 단어, 그리고 느낀 점을 작성해보시오.

인상적인 상황	떠오르는 단어	느낀 점

2 나의 책임감을 그래프를 통해 진단해 봅시다.

책임감 단계		
1단계	타인의 권리와 감정 존중	1. 자기 통제(화를 참고 말을 조심한다) 2. 민주적, 평화적으로 문제를 해결한다. 3. 모두 함께 활동에 참여한다.
2단계	참여와 노력	4. 기꺼이 노력하여 새로운 과제를 탐구하며 필요하면 협동한다. 5. 어려움에 부딪힐지라도 지속하려는 용기를 가진다. 6. 타인과의 비교보다는 자신의 향상에 초점을 맞춘다.
3단계	자기 감독	7. 시키지 않아도 독립적으로 과제를 실행할 수 있다. 8. 스스로 개인 운동 계획을 세운다. 9. 현재와 나중에 하고 싶은 것을 정하고 해야 할 것을 한다. 10. 외부의 어려움을 극복하려고 노력한다.

단계			
4단계	타인을 배려하고 돕기	11. 원만한 대인관계를 위해 타인을 배려하고 돕는다. 12. 공감에 근거한 협동을 하여 공동 목표를 실현한다. 13. 외적 보상의 부재에도 타인을 배려하고 돕는다. 14. 지역 사회에 이바지하는 일원이 된다.	
5단계	체육수업 밖으로의 전이	15. 다른 일상생활에서도 실천하도록 노력한다. 16. 역할의 본보기가 된다.	

〈출처: Teaching for affective learning in elementary physical education(Masser, 1990)〉

단계	점수	1점	2점	3점	4점	5점	총점
타인의 권리와 감정 존중	1						
	2						
	3						
참여와 노력	4						
	5						
	6						
자기 감독	7						
	8						
	9						
	10						
타인을 배려하고 돕기	11						
	12						
	13						
	14						
체육수업 밖으로의 전이	15						
	16						

3 위 분석 자료를 근거로 하여 책임감에 대해 잘하고 있는 점, 변화가 필요한 점, 노력해야 할 점을 찾아보시오.

4 친구들에게 [활동 3] 내용을 발표하고, 친구들이 발표한 내용을 경청하여 자신과 다른 점을 찾아보시오.

✏️ 논술문항

❶ 위 그림은 배구 만화 〈하이큐〉의 대사 중 하나이다. 이 선수는 배구 경기 중 어떤 상황에서 위와 같은 말을 했을지 구체적으로 서술하시오.

별도의 논술 답안지에 작성하시오

❷ 스포츠에서 책임감을 표현하는 나만의 명언을 만들고, 왜 그 명언을 만들게 되었는지 이유를 300자 내외로 설명하시오.

별도의 논술 답안지에 작성하시오

학생들이 좋아하는 스포츠 만화인 〈하이큐〉에서 책임감과 관련한 명언 부분을 활용하여 문제를 구성하였다.

1. 서술형으로 책임감과 관련한 대사를 보고 어떤 상황이었을지를 상상하여 작성하도록 했다. 학생들이 만화를 보았어도, 보지 않았어도 문제를 통해 상황을 상상하고 맥락을 쉽게 받아들일 수 있도록 구성하였다.

2. 배구를 넘어서 모든 스포츠에서 책임감의 가치를 담은 명언을 창의적으로 표현할 수 있도록 구성하였다. 단순히 자신의 역할을 다하는 것만이 아니라 스포츠 상황과 연관하여 작성했을 때 그 의미를 더 명확히 할 수 있다는 것을 강조하고, 명언을 만든 이유를 들어낼 수 있도록 지도한다.

채점 평가 기준

1. 그림이 제시한 대사의 상황을 구체적으로 작성하였는가?

   예시 배구경기는 공의 속도가 **빠르고**, 한 사람이 연속으로 공을 터치할 수 없으며, 바닥에 떨어져서는 안 된다. 따라서 모든 팀원이 각자의 포지션에서 책임감을 발휘하지 않는다면 경기를 승리로 이끌기 어렵다. 그림 속 인물의 옷 색깔이 다른 것으로 보아 대사를 하는 선수는 리베로 역할을 맡고 있을 것 같으며, 수비를 전담할테니 공격에 최선을 다하라는 의미에서 그렇게 말했을 것이다. 각자의 포지션에서 책임감을 발휘해야 함을 강조하는 상황이라고 할 수 있다.

2. 책임감을 담은 명언을 만들고 그 이유를 설명하였는가?

   평가 포지션별 책임감 명언을 작성할 수도, 스포츠 전체에 대한 책임감 관련 명언을 작성할 수도 있다. 명언의 작성보다 그 이유를 구체적으로 설명할 수 있도록 한다. 예를 들어 배구에서 '나의 블로킹은 우리 팀원을 보호하는 방패다'라는 명언을 작성한 경우 블로킹의 기본이 직선 공격으로 가장 **빠르게** 수비수에게 도달하는 경로를 막는 것이기 때문에 책임감과 관련하여 명언을 작성했다고 볼 수 있다.

예외는 없다

손가락이 영글던

1 〈하루 20분 피아노〉 영상처럼 당신은 자신만을 위한 하루 20분의 최선과 노력의 시간이 있었는가요?

(있다면 무엇인가요?)

(없다면 무엇을 할 것인가요?)

2 〈하루 20분 피아노〉 영상 속에서의 가치와 연결 지어 아래의 프로선수의 문제점이 무엇인지 찾아보시오.

> ### 프로 타이틀을 달았다면 도덕적 책임감 가져라
>
> KT 위즈에 또 악재가 터졌다. 베테랑 A선수가 불미스러운 사건에 휘말렸다. 그는 현재 1군에 등록이 돼 있고, 이름만 들으면 알 만한 유명 선수다. 이 선수가 믿기 힘든 행위로 경찰 조사를 받았다. 지난 달 2군 훈련지가 있는 전

북 익산에서 길을 가는 여대생을 보며 차 안에서 음란 행위를 벌이다 신고를 당했다. 공연음란죄로 인해 이 사건은 검찰로 넘어갔고, 곧 처벌 결과가 나올 예정이다. 이 사실이 뒤늦게 세상에 알려졌다. 유사 사례 등을 비춰봤을 때 벌금형에 처해질 가능성이 높다. (…중략…) 프로야구를 비롯한 스포츠의 인기는 시간이 흐를수록 치솟고 있다. 선수들의 일거수일투족에 팬들의 관심이 대단하다. 최근에는 인터넷과 휴대폰 등이 발달하며 비밀이 없는 세상이 됐다. 어린이 팬들이 A선수 사건의 전말을 알고 받게 될 충격과 악영향을 생각해보면 끔찍하다. 인기인으로서 뿌리치기 힘든 수많은 유혹에 시달리겠지만, 이를 이겨내야 하는 게 프로 선수의 책임이다. 프로 선수들은 공인으로서의 책임감을 가지고 품위를 지켜야 한다. 도덕적으로 올바른 모습을 대중들에게 보여줘야 하는 게 그들의 의무다. 이런 불행한 일이 다시 발생해서는 안 된다.

〈출처: 김용, 스포츠조선, 2016. 07. 12〉

❶ 사회적 공인으로서 가져야 할 책임감은 무엇인가요?

개인의 생활에서의 책임감과 행동	사회적 위치에 따른 책임감과 행동

❷ 자신이 사회적 공인이라면 노력해야 할 점이 무엇인지 책임감을 바탕으로 작성해보시오.

‎

3 활동1, 활동2의 내용을 연결지어 '책임감'을 주제로 한 4컷 만화를 그려보시오.

📝 논술문항

> 여덟 명이 촘촘하게 짠 스크럼은 F1 자동차도 이기지 못할 만큼 힘이 셉니다.
> 럭비는 트라이로 점수를 뽑지만, 공격권을 얻으려면 스크럼에서 이겨야 합니다.
> 여덟 명 가운데 한명이라도 삐끗하면 무너져 내리기 일쑤, 대회와 반복 훈련으로 대형을 맞춰야 합니다.
>
> * 스크럼(scrum): 럭비경기 중 사소한 반칙이 일어난 상황에서 양편 8명의 선수가 어깨를 맞대고, 힘겨루기를 통해 공을 얻어내 플레이를 재개하기 위한 대형
>
> 〈출처: YTN 뉴스, 2016. 09. 29〉

❶ 책임감이라는 핵심어를 사용하여 제시문에서 나타내고자 하는 스포츠의 가치를 쓰고, 링겔만 효과와 연결하여 설명하시오.

* 링겔만 효과: 집단에 속한 구성원이 늘어날수록 성과에 대한 공헌도가 떨어지는 심리 현상

별도의 논술 답안지에 작성하시오

❷ 제시문에서 나타내고자 하는 가치의 중요성을 내 주변(가정, 학교, 사회)에서 구체적인 사례를 찾아서 제시하시오. 그리고 이 가치가 지켜지지 않았을 때 발생할 수 있는 상황(문제점)과 해결방법에 대해 800자 이내로 논술하시오.

별도의 논술 답안지에 작성하시오

1. 스포츠를 통해 익힐 수 있는 가치인 '책임감'을 발견하고, 집단에 속한 사람의 수가 늘어갈수록 성과에 대한 1인당 공헌도가 오히려 떨어지는 집단적 심리현상을 말하는 링겔만 효과와 연결하여 책임감을 설명할 수 있는가를 파악하고자 하는 물음이다.

2. 책임감의 중요성을 인식하고, 학교에서 모둠학습의 '무임승차'와 같은 사례를 어떻게 해결할 수 있는가에 대한 생각을 정리하여 행동의 변화를 유도하고자 하는 물음이다.

채점 평가 기준

1. 주어진 조건에 따라 올바르게 내용을 작성하였는가를 평가함.
   ① 제시물의 '스크럼'이 보여주는 스포츠의 가치: 책임감
   ② 링겔만 효과에 대한 의미를 설명하면서 책임감과 연결하여 글을 작성하였는가?
2. 글의 주장이나 생각이 분명하고, 주장을 뒷받침하는 논거가 체계적이며 적절하게 제시되어 있는가를 평가함.
   ① 구체적인 사례를 제시하여 글을 작성하였는가?
   ② 책임감이 지켜지지 않았을 때 발생할 수 있는 문제점과 해결방법을 적절히 제시하였는가?

   예시 책임감이 부족한 것은 자신의 책임을 타인에게 떠넘기게 되면서 다른 사람에게 피해를 준다.
   주어진 권한에는 반드시 책임이 요구된다.
3. 책임감이 아닌 다른 가치와 연결하여 기술하는 것도 가능.

Plus

1. 링겔만 효과(Ringelmann effect)

링겔만 효과란 집단 속에 참여하는 사람의 수가 늘어갈수록 성과에 대한 1인당 공헌도가 오히려 떨어지는 집단적 심리현상을 말한다. 조직 속에서 개인의 가치를 발견하지 못할 때, 여러 명 중 단지 한 명에 지나지 않는다는 생각이 링겔만 효과로 나타난다.

2. 시너지 효과(Synergy effect)

두 가지 이상의 수단을 결합시켜 각 수단이 가져올 효과의 산술적인 합계보다 더 큰 효과를 얻는 것이다. 상승효과(相乘效果)라고도 한다. 즉, '1+1=2' 이상의 효과를 낼 경우를 가리키는 말이다.

〈출처: 다음 백과사전〉

Q 우리 주변에서 시너지 효과를 통해 더 나은 결과를 가져온 사례에는 무엇이 있을까?

9장

회복력

승리와 재앙의 만남

회복력이란 어떤 자극으로부터 달라진 상태나 다시 원래의 자리로 되돌아오는 힘이다. 즉, 회복력은 위험, 역경, 스트레스 상황을 극복하여 위험 요인의 영향으로 나타날 수 있는 부정적인 결과를 완화하는 능력이다. 회복력이 주목받는 이유는 사회 안의 인간이 도전과 실패를 경험하면서 겪게 되는 스트레스 때문이다. 회복력은 심리적 측면에서 회복탄력성으로 불리는데, 사람은 극심한 스트레스로 인해 심리적 좌절을 경험하게 되면 패배감에 빠질 수 있고 이는 심각한 결과를 초래하기도 한다. 하지만 스포츠의 승리는 포기하지 않는 노력을 통해 얻을수록 값지다. 그리고 실패는 승리로 가는 과정일 뿐이다.

패배감

회복탄력성

위험 요인

소속감

생각
풀기 회복력(回復力, Resilience)이란 무엇인가?
승리와 재앙의 만남

생각
보기 청소년들에게 스포츠가 알려주는 10가지 삶의 가치 중 하나인 '회복력'은 청소년들에게 절대 포기하지 말라고 한다. 선수들은 경기에서의 실패를 경험한다. 학교에서 이루어지는 스포츠클럽 활동에 참여하는 청소년들에도 이는 동일하게 적용된다. 경기에서 승리라는 것은 포기하지 않는 노력을 통해서 얻어야 값지다. 그리고 실패는 이러한 승리를 향해 가는 과정일 뿐이다. 청소년들은 스포츠 경기를 통해 인생의 교훈을 얻는다. 이러한 경험은 실패의 순간에도 절망감에 빠지지 않고 지속적으로 전진하게 되는 회복력을 갖게 된다.

생각
쓰기 "그래, 네가 오늘 잘못한 것은 사실이야. 하지만 이미 끝난 일이야. 끝났다고. 그냥 흘러보내. 안 그럼 내일 경기할 준비가 안 될 거야."
그 조그만 조언은 내 태도를 완전히 변화시켰다. 아무리 잘하는 프로팀들마저도 1년에 20번은 진다. 나는 과거에 연연할수록 미래가 개선될 여지는 적어진다는 것을 깨달았다.

『나를 점프해』'아홉 번째 숏 : 회복력' 중

승리와 재앙의 만남

1 영상에서 신인상, 최연소 MVP를 수상한 데릭 로즈가 부상으로 잊혀져 갈 때 두 가지 방법으로 자신의 존재를 각인시켰습니다. 두 가지는 무엇인가요?

2 위 영상과 아래 글의 공통점은 '회복력' 입니다.

> 회복력이 있는 사람이 되는 방법은 간단하다. 인생에는 당신이 쌓아온 성공적인 실적과 상관없이 넘어설 수 없는 어떤 장애물들이 항상 존재한다는 사실을 이해하면 된다. (중략)
>
> 회복력에 대한 한계를 받아들임으로써, 할 수 있을 때 자신의 최대한을 사

용하고 그것이 지속되는 동안 스스로를 소중히 하면서 성공을 축하할 수 있게 된다. 농구 선수 생활을 하면서 배웠던 것들은 인생에 있어서 몇 번의 힘겨운 순간들을 이겨내는 데 큰 역할을 해냈다.

회복력은 비극이나 손실, 혹은 불행이나 변화에 대해 열심히, 그리고 오랫동안 싸울 수 있게 해준다. 또한 다시 한 번 희망을 갖게 만든다.

『나를 점프해』 '아홉 번째 슛 : 회복력' 중

❶ 농구를 하면서 자신에게 가장 큰 장애물이 무엇인가요?

_____

_____

_____

_____

_____

❷ 어떤 방법으로 그 장애물을 넘을 수 있었는지, 넘은 경험이 없다면 어떻게 장애물을 넘을 수 있을지 생각해보시오.

_____

_____

_____

_____

3 아래 글을 읽고 자신의 모둠이 반 리그 경기에서 계속 패배할 경우, 모둠의 주장으로서 어떤 말과 행동으로 모둠에게 힘을 주고 승리를 위해 최선을 다하게 할지 작성해 보시오.

1997년 KBL 출범 이래 대구 동양은 1998~1999 시즌 역대 최다 32연패 수렁에 빠졌다. 잔여 경기 전패가 우려 되는 상황에서 2월 28일 나산과의 경기에서 80:66으로 승리, 32연패와 홈 16연패에 종지부를 찍었다.

 농구 길라잡이 9

농구의 경기 규칙 중 바이엘레이션 파울을 알아봅시다. 빈칸을 채워보시오.

(트레블링) : 공을 가지고 드리블 없이 3보 이상 걸었을 때의 반칙

(더블 드리블) : 드리블을 하다가 공을 잡아 멈춘 후 다시 드리블하는 반칙

(키킹) : 발로 공을 찼을 때의 반칙

(자유투바이얼레이션) : 자유투 시 지정된 선을 넘거나 움직이는 반칙

(점프볼바이얼레이션) : 점프볼 시 공이 정점에 다다르기 전에 먼저 건드리는 반칙

(3초룰 위반) : 공격자가 제한 구역에서 3초 이상 머물러 있을 때의 반칙

(24초룰 위반) : 공을 소유한 팀이 24초 이내에 슛을 하지 않았을 때의 반칙

논술문항

농구는 다양한 형태로 찾아오는 역경을 다루는 법을 배우는 실험실이다. 역경은 우리에게 부상, 승리 같이 두드러지는 형태로 올 수도 있다. 또는 관중의 무시, 상대 팀의 계속되는 리드 같이 두드러지지 않는 형태로 다가올 수도 있다. 역경은 다양한 경험을 하게 해주지만, 오히려 승리는 잠재적인 위험 요소를 지닌다. 영국의 작가 러디어드 키플링(Rudyard Kipling)은 ㉠ 승리와 재앙을 만나면 이 두 가지를 그냥 동일한 것처럼 다루라고 이야기한다. 하지만 불행하게도 우리 대부분은 그렇게 하지 못한다. 우리는 패배하면 스스로 무너지고, 승리하면 지나치게 의기양양해진다. 나 역시 패배를 다루는 법을 배우는 것이 쉽지는 않았다. 고등학생 때부터 경기에서 지면 좀 더 잘할 수 있었을 텐데라고 스스로 자책하면서 계속 패배한 것만 생각하곤 했다. 종종 너무 가혹하게 경기를 재연하는 바람에 잠자는 데 방해가 되기도 했다. 며칠이 지나도록 상실감이 안개처럼 남아있었다. 다른 사람들은 경기에 대한 분석을 해주었고, 코치는 자신만의 해석과 권고를 제안하였다. 하지만 내가 패배를 완전히 잊기 위해서는 며칠에 걸친 연습과 다른 경기에서의 가능성과 전망이 필요했다.

〈출처: 『나를 점프해』 빌 브래들리 지음, 이태구 옮김〉

〈내가 만약…〉

지난 2년 반 동안 교내 농구스포츠클럽 주장으로 참여하면서 어렵게 전국스포츠클럽대회에 참가하게 되었다. 작년 결승전에서 패배한 뒤로 팀원들과 함께 전국대회 우승을 목표로 모든 시간 열정을 다해 훈련해왔다. 학창시절 마지막 대회가 될 것이다. 어렵게 결승전까지 올라갔으며, 지난날을 회상하면 마음이 벅차오른다.

팽팽한 긴장감 속에 어느덧 경기 막바지에 다다랐다. 1점차로 지고 있으며 경기 종료 부저가 올리기 직전 내가 슛팅을 하는 순간 상대팀 파울로 자유투 두 개를 얻었다. 이 두 개의 슛만 들어가면 승리는 우리의 것이 된다. 다시 한번 지난 학창시절 농구를 하며 팀원들과 울고 웃었던 수많은 기억들이 스쳐 지나간다. 심판의 자유투 시작을 알리는 휘슬 소리에 정신을 차렸다. 마음을 가다듬고 첫 번째 슛을 던졌다. 그러나 공은 링 밖을 벗어났다. 마지막 한 골을 넣으면 동점으로 연장전이라도 갈 수 있다. 그러나 하늘도 무심하지… 두 번째 골마저도 빗나가버리고 바로 경기는 종료되었다. 우리 팀의 패배다.

❶ 위 글에서 ㉠이 뜻하는 의미를 서술하시오.

별도의 논술 답안지에 작성하시오

❷ 제시문 B 를 읽고 자신이 같은 상황이라면 어떤 심정일지, 그리고 극복 방안은 무엇인지 적어보시오.

별도의 논술 답안지에 작성하시오

1. 인간에게는 자극과 반응 사이에서 선택할 수 있는 자유가 있다(빅터 프랭클). 주어진 상황을 어떻게 해석하는지에 따라 우리의 미래가 달라진다. 제시문은 승리했을 때와 패배했을 때, 우리는 어떤 해석을 하고, 어떤 반응을 선택할 것인지를 묻고 있다.

2. 스포츠에는 기쁨, 슬픔, 분노, 즐거움 등의 희노애락이 담겨있다. 하지만 많은 사람들이 스포츠에 참여할 때 분노와 슬픔에 더욱 좌우되는 취약성을 보인다. 이는 자칫 과도한 실패회피 동기가 작용하여 스포츠 참여에 부정적 영향을 끼치기도 한다. 이 문항은 제시문 B 와 같은 상황에 자신을 위치시켜 놓고 공감의 시간을 가져보는 의도이며, 어떻게 극복할 것인가에 대한 물음이다.

1. 제시문의 상황을 이해하고 승리와 패배에 대한 ㉠이 의미하는 바를 유추하여 서술할 수 있는가를 평가함.
   ① 제시문의 전체적인 내용을 제대로 파악하였는가?
   ② 저자가 승리와 패배에 대해서 ㉠과 같이 표현한 이유를 구체적으로 서술할 수 있는가?

2. 제시문의 상황에 자신을 위치시켜 놓고 깊이 있는 공감과 그에 따른 극복 방안을 구체적으로 제시할 수 있는가를 평가함.
   ① 제시문에 대한 깊은 공감을 통해 자신의 심정을 구체적으로 표현할 수 있는가?
   ② 현실적이고 구체적인 극복 방안이 적절하게 제시되었는가?

승리와 재앙의 만남

1 영상에서 박지성 선수가 슬럼프를 극복한 방법은 무엇인가요?

2 학교 체육 활동(수업) 중심으로 초등학교 때부터 현재까지 자신의 성장 곡선을 그려 보고, 가장 우울한 시기와 가장 행복한 순간을 친구들과 이야기 나눠 봅시다.

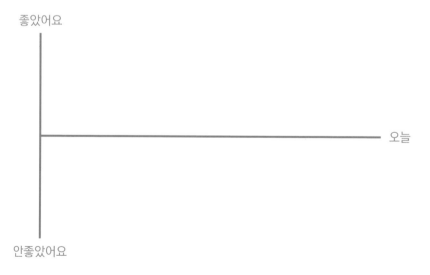

우울한 시기	행복한 순간

3 학교 체육 활동 중 친구와 슬럼프 또는 우울감을 극복하기 위해 '서로 돕는 문화 만들기'에 필요하다고 생각되는 항목에 V로 표시하고, 그 이유를 모둠별로 토의해보시오.

- ☐ 자기 개방: 어려움 털어놓고 고백하기
- ☐ 내가 부족해서라고 자책하지 말기
- ☐ 나만 힘들다는 생각에서 벗어나기
- ☐ 혼자 있지 말고 모이고 참여하기
- ☐ 상처 치유를 위해 고백하고 성찰하기
- ☐ 선생님과 함께 연대하기
- ☐ 친구들끼리 위로하고 격려하고 존중하기
- ☐ 남에게 칭찬받기를 바라지 말고 스스로 칭찬하기
- ☐ 긍정의 자기 검열하기

4 '실패가 주는 교훈'를 작성해 보고 서로 발표하며, 친구들의 이야기를 경청해보시오.

논술문항

토트넘, 손흥민·동양인 팬에 인종차별 발언한 관중 2명 '퇴출'

유럽축구 팬들의 인종차별 발언이 또다시 논란이 되고 있다. 토트넘 구단은 손흥민과 동양인 팬을 겨냥해 인종차별 언행을 일삼은 서포터 2명을 퇴출시켰다.

영국 언론「데일리메일」은 30일 "토트넘과 울버햄프턴의 경기 도중 인종차별 동영상을 소셜미디어에 올린 이들이 경기 도중 퇴출당했다"며 "두 사람 중 한 명이 동양인 팬을 가리키며 손흥민과 비교했고, 인종차별적 조롱을 했다"고 보도했다.

문제의 영상은 지난 9월 리버풀전 당시 촬영한 것으로 추정된다. 영상에서는 두 남성 토트넘 서포터의 대화 도중 한 명이 "손흥민, 그는 계란볶음밥을 먹는다. 새우볼과 닭고기 차우멘도 먹었나? 믿을 수 없다. 도대체 어디에 있을까?"라고 말했다. 다른 한 명은 뒷 좌석에 앉아 있는 동양인 팬을 향해 카메라를 움직여 "저기 있네"라고 말한 뒤 "그는 벤치에 앉아 있거나 몸을 풀고 있어야 하는 거 아니냐?"라고 조롱했다.

이에 토트넘은 해당 영상을 올린 서포터 두 명의 신원을 확인해 이날 관중석에서 내쫓았고, 향후 경기장 출입을 금지할 것이라고 밝혔다. 토트넘 대변인은 "구단은 어떤 형태의 인종차별적이고 반사회적인 행동도 용납하지 않는다. 모욕적이고 공격적인 말과 행동을 한 사람에게는 누구든 조치를 취할 것"이라며, "향후 경기에서도 출입 금지 조치를 받게 될 것이다. 우리가 알 수 있도록 해준 다른 서포터들에게 감사의 말을 표한다"고 밝혔다.

〈출처: 오마이뉴스, 박시인 기자, 2018. 12. 31〉

❶ 위 기사의 내용을 예시로 활용하여 자신이 생각하는 차별이란 무엇인지 설명하시오.

별도의 논술 답안지에 작성하시오

❷ 체육시간 중 일어나는 차별의 사례를 찾아보고, 어떻게 대처해야 할지 작성하시오.
(단, 차별의 사례가 없다면 어떤 방식으로 차별이 일어날 수 있는지를 작성하고, 그에 대한 대처방법을 작성하시오.)

별도의 논술 답안지에 작성하시오

회복력은 어려움을 극복하는 힘이다. 점차 큰 이슈로 성장하고 있는 차별을 주제로 회복의 구체적 방안을 생각하고자 문제를 출제하였다.

1. 우리나라 학생들은 인종차별에 대한 인식이 낮고 경험이 적기 때문에 문제의 발언을 인종차별이라 느끼지 못하는 경우가 많다. 기사에 나오는 발언들은 욕설이 아니다. 하지만 상황과 뉘앙스에 따라서 한 집단을 비하하고 차별하는 형태로 나타났고, 구단에서도 강하게 대응을 했다. 따라서 학생들이 첫 번째 문항을 통해서 차별이 가지는 의미를 이해할 수 있도록 하였다. 인종차별에 대한 논의뿐 아니라 넓은 의미에 차별에 대해서 다루고 생각을 정리할 수 있게 만드는 의미의 문항이다.

2. 체육수업에서 일어나는 차별의 사례를 살펴보고 어떻게 대처할 수 있는지를 작성함으로써 회복을 이끌고 회복력을 키울 수 있는 방법을 강조했다.

1. 자신이 생각하는 차별의 정의를 작성하였는가?
2. 기사의 내용을 활용하여 차별의 의미를 설명하였는가?

   평가 인종차별의 예를 바탕으로 차별이란 무엇인지를 작성할 수 있도록 한다. 인종차별과 같이 하나의 집단을 하나의 형태로 규정하고 그것에 대해 선입견을 품고 대하는 것이 차별이며 이는 성, 문화, 종교 등 다양한 형태로 나타날 수 있음을 작성할 수 있다.

3. 체육시간 중 일어나는 차별의 사례를 구체적으로 작성하였는가?
4. 차별에 대해 어떻게 대처해야 할지 구체적으로 작성하였는가?

   평가 차별의 사례가 없다면 어떤 방식으로 차별이 일어날 수 있는지를 작성하고 그에 대한 대처방법을 적을 수 있도록 한다. 또한, 대처 방안을 작성하기 위해서 자신의 견해를 다양하게 설정할 수 있다. 차별을 느끼는 피해자가 될 수도, 다른 친구가 피해를 받는 상황을 목격할 수도, 학교나 선생님이 무엇을 해야 할지를 작성할 수도 있다.

승리와 재앙의 만남

1 영상과 같이 핀란드에는 10월 13일 실패의 경험을 공유하는 '실패의 날'이 있다. 서로 실패를 공유하고 격려해주는 행사에 대하여 자신의 생각을 작성해보시오.

2 실패와 역경을 극복한 스포츠 스타들의 이야기를 확인해보고 자신이 느낀 점을 작성해보시오.

> 진정한 승리를 향해 투혼을 불사른다
> 감독으로도 최고이길 바라는 농구 황제 허재
>
> 훗날 최형길 TG 부단장은 그때를 떠올리며 '노장 허재'를 이렇게 평가했다.
> "그 당시 갈비뼈를 다쳤는데 마취제를 맞고 경기에 계속 출장하겠다고 우

겼습니다. 저도 갈비뼈를 다쳐봐서 잘 알지만 숨도 제대로 못 쉬는 상황에서 경기를 뛰겠다니, 정말 놀랍더군요."

어떤 시련이 닥치더라도, 어떤 좌절이 그의 앞길을 가로막을지라도 그의 자존심이 살아 있는 한, 그의 승부욕이 여전히 꿈틀거리고 있는 한, 그는 오뚜기처럼 다시 일어서서 환한 미소를 지으며 승자의 월계관을 쓸 것이다.

명품 인생을 만들려면 역경을 이겨내라
지옥 훈련 끝에 골프 여왕의 꿈을 이룬 박세리

박세리는 타고난 '골프천재'는 아니었다. 그러나 아버지라는 훌륭한 멘토를 만나 골프천재로 재탄생했다. 아버지의 끊임없는 채찍질은 세리의 열정을 북돋웠고, 어려운 환경 속에서도 자신을 희생해 가며 오로지 딸을 위해 헌신하는 아버지의 모습은 세리의 승부욕을 자극했다.

실패도 많았고 슬럼프도 자주 찾아왔다. 그러나 그때마다 아버지는 세리를 다시 일으켜 세우고 더욱 단단하게 만들어나갔다. 세상에 길이 남을 명검을 만들기 위해서는 오랜 담금질이 필요하듯 말이다.

〈출처:『실패를 두려워 말고 1등에 도전하라』 손현석·김대환, 메가트렌드, 2007〉

3 우리들만의 '실패의 날' 행사를 통해 서로의 실패를 응원해주고 격려해주는 시간을
가져봅시다.

우리들만의 '실패의 날' 행사 진행을 위한 기록지		
발표순서 ① 모둠별 이야기 나누기 ② 모둠의 대표이야기 선정 ③ 전체 발표	모둠 내	학급 전체
자신의 실패에 대한 경험 기록 ① 기록 후 정한 순서대로 모둠별 발표 진행 ② 발표가 끝나면 용기내 공유해준 친구에게 축하의 박수 보내기	❶ 평소 실패와 좌절을 경험해보았던 일들을 기록해보시오. ❷ 그 상황 속에서 당신의 문제점은 무엇이었을까요? ❸ 만약 그 순간이 다시 찾아온다면 어떻게 해결할 것인가요?	
모둠 내 친구들의 발표한 내용 요약		
학급 전체 발표에서 인상 깊었던 내용 요약		

✎ 논술문항

맨발의 아베베를 아시나요?

한국전쟁 당시 에티오피아의 참전용사였던 고마운 아베베. 1960년 아베베 비칼라는 다른 선수의 부상으로 급하게 대신 출전하게 된 로마올림픽에서 아프리카 최초로 42.195km의 마라톤 경기를 맨발로 달려서 우승을 차지한다. 갑작스러운 출전에 신발도 준비하지 못하고, 지급받은 신발마저 발에 맞지 않아 맨발로 달리기를 하였다.

1964년 도쿄올림픽에서는 시합 6주전 맹장수술을 받아 출전이 힘들 수도 있지만 어려움을 극복한 채 출전하여 마라톤 사상 최초로 2연패를 차지한다. 1968년 멕시코올림픽에서 마라톤 3연패에 도전하지만 레이스 도중 다리가 골절되는 부상으로 어쩔 수 없이 포기하고 만다. 그 후에도 도전을 멈추지 않던 아베베는 1년 후 빗길 교통사고로 인해 하반신 마비라는 불행을 맞는다. 이렇게 우리의 기억 속에서 잊혀져 가던 마라톤 영웅은 뜻밖에도 1970년 노르웨이장애인올림픽 양궁선수로 돌아와 다시 한번 당당히 금메달을 따내며 전 세계를 울음과 감동의 바다에 빠뜨렸다.

불굴의 의지로 우리에게 희망을 던져준 진정한 영웅 아베베!!

❶ 맨발의 마라톤 선수 아베베가 절망적인 인생의 어려움 앞에서도 포기하지 않고 인생에 대한 희망을 유지하며 도전을 지속할 수 있도록 하는 힘은 무엇인지 적어보시오.

별도의 논술 답안지에 작성하시오

❷ 회복탄력성의 개념을 적용하여 아베베의 삶을 800자 이내로 표현하시오.

별도의 논술 답안지에 작성하시오

1. 아베베의 인생을 되돌아보며, 또는 자신이 가장 힘들었던 순간과 원인을 정리하면서 자연스럽게 회복력(또는 회복탄력성)으로 생각을 유도하기 위한 물음이다. 힘듦의 정도와 원인, 해결방법은 개인이 가진 환경과 여건, 성격 등 다양한 요인에 의해 변화될 수 있음을 이해하는 것도 중요한 과정이다.

2. 회복력의 개념을 이해하고, 이를 통해 주어진 제시문 '아베베의 삶'을 연결하여 서술할 수 있는 능력을 평가함과 동시에 아베베를 통해 자신의 삶을 되돌아보는 기회를 갖고자 하였다. 타인의 삶에 자신의 삶을 비교해 보면서 자연스럽게 회복력의 개념을 가질 수 있기를 희망한 물음이다.

채점 평가 기준

1. 회복탄력성의 개념을 적용하여 가장 힘들었던 순간, 힘들게 한 원인, 극복방법 등의 핵심내용이 기술되었는가를 평가함.

2. 자신이 밝힌 관점이나 입장이 주어진 조건에 따라 일관성 있게 기술되었는가를 평가함.

   ① 회복탄력성(resilience): 크고 작은 다양한 역경과 시련과 실패에 대한 인식을 도약의 발판으로 삼아 더 높이 뛰어 오르는 마음의 근력을 의미한다.

   〈출처: 위키백과〉

   ② 지속적인 발전을 이루거나 커다란 성취를 이뤄낸 개인이나 조직은 대부분의 경우 실패나 역경을 딛고 일어섰다는 공통점을 보인다. 따라서 평상시 발생하는 다양한 문제를 긍정적인 방식으로 받아들이는 습관의 형성을 통해 부정적 상황에서도 딛고 일어날 수 있는 회복탄력성을 기르는 습관이 중요하다는 내용까지 이끌어가는 과정을 기대함.

Plus

메달을 못 따더라도 인생이 끝나는 것이 아니다. 경기장에서 패하더라도 승자의 기쁨을 먼저 축하하고, 이기더라도 패자의 슬픔을 생각하자는 다짐을 했다.

〈올림픽 태권도 금메달리스트 이대훈〉

회복탄력성(resilience)이란 원래 제자리로 되돌아오는 힘을 일컫는 말로 '회복력' 혹은 높이 되튀어 오르는 '탄력성'을 뜻한다. 심리학에서는 주로 시련이나 고난을 이겨내는 긍정적인 힘을 의미하는 말로 쓰인다. 회복탄력성 향상을 위한 두 가지 습관은 바로 감사하기와 규칙적인 운동이다.

〈출처: 『회복탄력성』 김주환, 위즈덤하우스〉

Q 내가 힘들고 어려운 일들을 참아가며 앞으로 나아가는 이유는 무엇일까?

10장 상상력

경기를 생각해내다

상상력은 이미지나 생각을 정신적으로 조작하고 마음의 눈으로 사물을 그릴 수 있는 사고능력이기 때문에, 창의적인 사람들이 갖는 특성들 중에 하나인 시각화 능력의 다른 이름이다.

축구 선수에게 상상력은 지속적인 연습과 학습을 통해 경기상황에서 창조적이고 유의미한 공간을 만드는 것이고, 농구공을 가지고 놀아본 아이들에게 상상력은 한 번쯤은 마이클 조던이 되는 모습을 그려보는 것이다. 이러한 상상력은 아이들이 스포츠에 몰입하게 하는 강한 동기부여가 되기도 한다.

생각
풀기

상상력(想像力, Imagination)이란 무엇인가?
경기를 생각해내다

생각
보기

'상상력: 경기를 생각해내다'의 세 가지 영상들은 남들이 생각하지 못하는 것에 도전하기 위해 피나는 연습을 하고 결국에는 성공하는 사람들의 사례를 제시하고 있다. 고등학교 2학년 체육시간 혼성학급 농구수업에서 있었던 일이다. 모든 학생에게 남녀가 어울어지는 혼성 농구경기를 위한 아이디어를 설문조사 하고, 이를 종합하여 혼성농구 규칙을 만들었다. 그 중 가장 독특한 경기 규칙은 '경기 후 경기'라고 명명된, 경기 내내 1점도 득점을 하지 못한 선수가 발생하면 경기 후에 해당 선수들은 자유투(1점) 또는 레이업 슛(2점) 기회를 얻는 것이었다. 실제로 이런 규칙을 적용하면서 '경기 후 경기'에서 경기가 역전되는 상황들이 발생하였다.

생각
쓰기

혁신자들은 경기 중 시행착오를 통해 새로운 아이디어를 찾는다. 스탠포드대의 행크 루이세티는 한 손으로 슛을 하는 최초의 선수였다. 그전까지는 레이업과 훅을 제외한 모든 슛에 두 손을 썼다. 필라델피아 워리스의 조 펄크스는 점프한 뒤 최고점에서 슛을 하면 위치상의 우위를 점할 수 있다고 결론을 내렸다. 그렇게 점프슛을 탄생시켰다. 1950년대에 밥 코지는 등 뒤로 공을 패스하기 시작했다. 전통적인 방식을 고수하던 선수들은 그의 플레이가 쇼맨십에 불과하다고 비판했다. 많은 혁신자들이 그랬듯이 그는 자신의 생각을 믿었기 때문에 스스로의 방식을 고수했다. (중략) 상상력은 우리의 경험들을 풍요롭게 했고, 신선한 창조의 스릴을 느끼게 해주었고, 우리를 가장 인간답게 만드는 것과 맞닿게 해준다. 그리고 무엇보다도 현재의 순간을 넘어 앞을 내다볼 수 있게 해주고, 상황이 아무리 암울해 보이더라도 초월할 수 있게 해주며, 스스로에게 한계를 그어버리는 일반 상식에게, "한번 지켜보시지!"라고 답할 수 있게 해준다.

『나를 점프해』'열 번째 슛 : 상상력' 중

경기를 생각해내다

1 영상을 바탕으로 상상력을 발휘해 농구공으로 할 수 있는 도전과제를 만들어보시오.

2 아래 글과 같이 드리블, 패스, 슛 등 기초기술을 보다 효과적으로 배울 수 있는 방법에 대해 생각해보시오.

> 높이뛰기 선수로 유명한 딕 포스버리가 당시의 전통적인 방법과 정반대였던 배면뛰기를 처음 시도했을 때이다. (중략)
> "나는 내가 성공하지 못할 것이라는 말을 계속 들었어요. 그 기술은 경쟁력이 없고 절대 성공 못할 것이라는 것도요. 나는 그저 으쓱하면서 길고 짧은

건 대봐야 아는 거야.”라고 밖에는 말을 할 수가 없었어요.

　이 스포츠 혁신가들은 우리에게 한사람이 세상을 바꿀 수도 있고 또 바꿔 왔음을 계속해서 새로운 방법으로 알려주고 있다.

『나를 점프해』 '열 번째 슛 : 상상력' 중

3 아래 그림은 실제 농구경기장 그림입니다.

1 체육시간 우리 반 학생들이 모두 농구경기를 할 수 있도록 경기장을 변형해서 디자인 해보시오.

2 자신이 만든 **1** 내용을 설명합니다. 그리고 모둠에서 우수한 작품을 전시해 봅시다.

💡 농구 길라잡이 10

농구의 경기 규칙 중 퍼스널 파울을 알아봅시다. 빈칸을 채워보시오.

상대방을 밀었을 때는 (푸싱) 반칙이다.

(홀딩)은 상대 선수를 잡았을 때의 반칙이다.

상대 선수의 진로를 방해했을 때는 (블로킹) 반칙이 적용된다.

(트리핑)은 상대 선수 다리를 걸었을 때의 반칙이다.

(차징)은 상대 선수와 부딪쳤을 때의 반칙이다.

논술문항

몇몇 선수들은 그들의 평범한 기술의 효과를 극대화시키기 위해 창의적인 상상력을 발휘한다. 높이뛰기 선수로 유명한 딕 포스버리가 당시의 전통적인 방법과 정반대였던 배면뛰기를 처음 시도했을 때이다. 그는 멕시코올림픽에서 금메달을 딴 후 기자에게 이렇게 말했다. "나는 내가 성공하지 못할 것이라는 말을 계속 들었어요. 그 기술은 경쟁력이 없고 절대 성공 못할 것이라는 것도요. 나는 그저 으쓱하면서 길고 짧은 건 대봐야 아는 거야."라고 밖에는 말을 할 수 없었어요. 이 스포츠 혁신가들은 우리에게 한 사람이 세상을 바꿀 수도 있고 또 바꿔왔음을 계속해서 새로운 방법으로 알려주고 있다.

간혹 규칙의 변화가 경기방식의 혁신을 강요할 때가 있다. 3점 규칙이 그 사례이다. 농구골대에서 7.24m 이상 떨어진 곳에서 성공적으로 골을 넣었을 경우 가산점을 주는 이 규칙은 경기의 양상을 완전 뒤엎었다. 1979~80년 시즌 전까지의 목표는 골대와 최대한 가까이서 가장 쉬운 숏을 하는 것이었다. 이제는 레이업 못지 않을 정도로 엄청나게 많은 전략들이 3점 숏을 노리며 만들어졌다.

〈출처: 『나를 점프해』 빌 브래들리 지음, 이태구 옮김〉

스포츠자치부 회의 공지

- 일시 : 마지막 주 금요일 방과 후
- 장소 : 학생자치회실
- 안건 : 교내 농구 스포츠리그 운영 관련
- 내용 : 작년 교내 농구 스포츠리그 운영 결과 남학생들은 즐겁게 참여하고 높은 만족감을 나타냈지만, 대다수의 여학생들은 농구경기를 어려워 하였으며 부상이 많아 참가 신청률이 저조함. 여학생 경기 참여율 확대와 만족감을 높이기 위한 대책이 시급함.

❶ A 글을 참고하여 농구의 다양한 기술, 규칙의 변화가 생겨난 이유를 유추하여 서술하시오.

별도의 논술 답안지에 작성하시오

❷ B 글을 참고하여 여학생 농구리그 참여율 확대와 만족감 향상을 위한 대책을 세우고자 합니다. 변형된 농구 경기 규칙을 구성하고, 그렇게 구성한 이유를 서술하시오.

별도의 논술 답안지에 작성하시오

1. 스포츠의 경기방식은 시대적 상황과 조건에 따라 다양한 방식으로 변화되어 왔다. 또한 스포츠에서 펼쳐지는 기술 역시 그 동안의 상식을 깨고 지속적으로 변화되어 왔다. 이는 다양한 이유가 존재한다. 충분한 고민을 통해 Why를 찾아보는 기회를 제공함으로서 확산적 사고를 유도하고자 한다.

2. 학교현장에서 발생할 수 있는 상황을 제시하여 창의적인 문제해결력을 요구하는 물음이다. 다양한 입장에 깊이 공감해보고 그 안에서 새로운 방안을 찾아낼 수 있도록 유도한다.

1. 제시문을 이해하여 경기방식과 기술변화의 이유를 유추하여 서술할 수 있는가를 평가함.
   ① 경기방식이 변화되어 온 이유를 다양한 입장에서 유추하여 구체적으로 서술할 수 있는가?
   ② 경기 기술변화의 이유를 구체적으로 서술할 수 있는가?

2. 주어진 상황의 문제점을 정확하게 파악하고 창의적인 문제해결능력을 발휘할 수 있는지를 평가함.
   ① 제시문에서 나타난 문제점을 정확하게 파악하여 서술하였는가?
   ② 문제해결을 위한 다양하고 창의적인 방안을 구체적으로 제시하였는가?

유형 B 경기를 생각해내다

1 플립 턴(flip turn)과 배면뛰기가 위대한 혁명이라 일컫는 이유는 무엇인가요?

_____

_____

_____

_____

2 다음 글에서 괄호 안에 들어갈 내용을 친구들과 함께 이야기해 봅시다.

> ### 누워서 높이뛰기 정복한 사나이의 교훈
>
> 높이뛰기 선수를 꿈꾸던 16살 딕 포스버리, 학교 육상팀에 들어가는 것이 소원이었지만 신장이 최저 자격인 152.4cm를 넘지 못해 고민이었다. 어느 날 학교 체육관에 발포고무로 된 푹신한 착지매트가 설치됐다. 1960년대 당시 대부분의 학교 착지매트는 톱밥, 나무 조직으로 만든 것. 그래서 그는 새로운 자세를 시도해보게 됐다. 모두가 옆으로 뛰거나 앞으로 뛰어 바를 넘었

지만, 그는 몸을 돌려 등을 아래로 향한 채 뛰었다. 목과 어깨로 먼저 착지하는 자세를 시도해 자신만의 배면뛰기 기술을 만들어냈다. 처음에 그의 배면뛰기 기술은 모두에게 웃음거리였다. 지역신문들이 이렇게 적었을 정도.

"배에서 팔딱거리는 물고기 같다"

"세계에서 가장 게으른 높이뛰기 선수"

그런데 그는 이 특이한 자세로 스포츠 역사를 바꿔버린다. 무명의 포스버리는 이 기술로 1968년 멕시코시티올림픽 높이뛰기 금메달리스트가 됐다.

올림픽 신기록 224cm.

모두가 옆으로 뛰는 가위뛰기나 배 쪽으로 바를 넘기, 엎드려 뛰기를 할 때 그는 배를 위로하고 누운 채 막대를 넘는 배면뛰기 기술로 전 세계를 놀라게 했다. 나중에야 역학적으로 배면뛰기가 가위뛰기보다 같은 도약력이라도 유리한 자세라는 게 증명됐지만, 당시엔 누구도 생각하지 못했던 초유의 기술이었다. 이 기술은 그의 이름을 따 '포스버리 플롭(Fosbury flop)'이라고 불렸고 지금은 모든 높이뛰기 선수들이 사용하는 기술이 됐다. 발상을 전환해 높이뛰기 스포츠의 새로운 역사를 쓴 그의 성공은 어떤 의미일까?

(   )

그가 새로운 배면뛰기를 생각해낼 수 있었던 것은 더 푹신하고 안전한 발포고무를 이용한 착지 매트가 도입됐기 때문이다. 포스버리는 이런 변화를 감지하고 새로운 시도를 했던 것. 그래서 자기개발 전문가인 제임스 클리어는

"착지 매트가 바뀌어 다양한 자세가 가능해졌는데도 포스버리 외에는 아무도 새로운 자세를 시도하지 않았다. 환경의 변화를 읽어내 도전하지 못한다면 아무리 훌륭한 환경도 소용이 없다."

〈출처: 유튜브 https://youtu.be/eupWRDe1JQc〉

3 **우리 학교 체육대회 종목을 창의적으로 설계하여 제안해보시오.**

❶ 우리 학교 체육대회 환경조건 및 목적, 기대효과를 작성해보시오.

대상 / 장소	목적	기대효과

❷ 위 조건을 근거로 하여 우리 학교 체육대회 창의적 종목 설계안(글 or 그림 등)을 작성해보시오. (개별 활동)

4 **친구들에게 [활동 3] 내용을 발표하고, 친구들이 발표한 내용을 경청하여 피드백과 실현가능성을 체크해보시오.**

논술문항

뉴스포츠

　뉴스포츠는 축구, 야구, 농구 등의 스포츠나 전통놀이 등을 안전하고 쉽게 변형하거나 누구나 손쉽게 즐길 수 있도록 새롭게 만들어진 스포츠를 말한다.

　예를 들어 티볼은 투수가 없는 야구형 게임으로, 홈플레이트 후방에 놓은 베팅 티에 볼을 놓고 정지된 볼을 타격하는 경기이다. 기존 야구에서 투수는 정확하게 볼을 던지지 못하고, 타자는 볼을 치기 어려웠다는 점을 개량하여 손쉽게 경기를 즐길 수 있도록 하였다. 볼의 크기를 키우고 재질을 부드럽게 변형하여 안전하게 경기를 즐길 수 있도록 하였다.

　또한, 기술의 발전에 따라 날씨 영향을 많이 받던 스포츠를 AR, VR 등의 기술을 활용하여 실내에서도 할 수 있도록 개량한 경우도 있다. 단순히 실내로 이동한 것이 아니라 다른 사람들과 소통하고 야외에서 활동하는 것 이상의 경험을 느낄 수도 있다. 이를 넘어 신체활동이 포함된 게임을 새롭게 구성하여 뉴스포츠로 구성할 수도 있다.

〈사진 출처: [서울디자인위크 주제전] 플레이디자인, Play on 전시 홈페이지〉

❶ 자신이 경험했던 스포츠나 스포츠 시설 중에서 불편하거나 위험하다고 느꼈던 것을 생각해 보고, 2가지 이상 구체적 예시와 함께 설명하시오.(예, 경기규칙, 경기용품, 경기방법, 날씨로 인한 제약, 선수 간의 밸런스 등)

별도의 논술 답안지에 작성하시오

❷ ❶번 문항의 답변을 활용하여 자신만의 뉴스포츠를 만들고, 그 특징과 구성 이유를 작성하시오.

별도의 논술 답안지에 작성하시오

주어진 규칙과 도구 안에서 새로운 상상력을 발휘하는 것도 중요하지만, 규칙을 벗어나 새롭게 구성하는 것도 스포츠를 통한 상상력 발휘의 예가 될 수 있다. 현재는 지금까지 스포츠를 바라보고 규정했던 방식과는 다르게 새로운 개념과 환경이 등장하고 있다. 작게는 뉴스포츠의 도입에서 크게는 VR과 AR을 통한 완전한 변화까지 상상할 수 있다. 학생들이 기존의 스포츠에서 불편하거나 위험한 요소들을 찾고 새롭게 스포츠를 구성하는 형태를 통하여 상상력을 발휘할 수 있기를 바란다.

1. 자신의 경험을 돌아보면서 뉴스포츠를 만들어야 하는 이유와 구체적인 대안을 상상해내는 기회를 갖도록 했다.
2. 뉴스포츠를 구성할 때 중요한 것은 완전히 새로운 스포츠를 만드는 것이 아니라 불편함을 어떤 방식으로 해소하기 위해 노력했는지에 집중해야 한다.

1. 스포츠에서 불편하거나 위험한 부분을 두 가지 이상 예시와 함께 작성하였는가?

   평가 기존의 스포츠에서 어렵고 위험한 부분들을 찾아내는 것에서 뉴스포츠 창작이 시작된다. 작은 부분이라도 다양한 요소에서 찾을 수 있도록 해야 한다. 환경적 어려움, 활동하는 선수들 간의 어려움, 도구적 어려움 등으로 요소를 구분하여 작성할 수 있다.

2. 불편 요소를 활용하여 뉴스포츠를 만들고, 그 특징과 이유를 구체적으로 작성하였는가?

   평가 창작 과정에서 완벽함을 기하기보다는 아이디어가 중요함을 강조하고 특징과 함께 왜 이런 특징을 가지는지를 구체적으로 제시하게 하여 학생들이 자신의 아이디어에 대한 분명한 이유를 밝힐 수 있도록 한다. 완전히 새로운 스포츠를 만들어내는 것은 어렵지만, 자신이 생각한 불편함, 위험함 등을 반영하여 기존의 스포츠에서 규칙이나 용품, 환경 등을 변경하는 것이 원활할 수 있다.

승리와 재앙의 만남

1 영상에서와 같이 최악의 아이디어를 최고의 아이디어로 바꿔본 경험이 있나요?

---

2 아래 글을 보고 쾌적한 체육 활동 장소를 만들기 위한 대책을 생각해보시오.

야외수업 취소·물청소…
미세먼지에 학교도 '비상'

고농도 미세먼지가 연일 한반도를 뒤덮으면서 일선 학교에도 비상이 걸렸다.

〈출처: 류수현, 연합뉴스, 2018. 11. 07〉

초미세먼지에 중국발 황사까지…
숨쉬기 힘든 하루

　　서울과 수도권을 비롯한 전국 대부분 지역에서는 초미세먼지가 기승을 부렸다. 여기에 중국발 황사 소식까지 더해지며 시민들을 더욱 답답하게 했다.

〈출처: 최재훈, 연합뉴스, 2018. 11. 27〉

쾌적한 체육 활동 장소를 만들기 위한 대안을 생각해보고 모둠토의를 통해 작성해보시오.

3 창의적인 아이디어를 발휘하여 미래의 체육시설을 설계해보고 발표를 통해 공유해보시오.

❶ 미래의 체육시설을 만들기 위해 필요한 조건은 무엇인가요?

❷ 체육시설 공간활용에 대한 층별, 장소별 소개를 해보시오.

~~~~~~

~~~~~~

~~~~~~

~~~~~~

❸ 가상의 미래 체육시설 배치도 도안을 작성해보시오.

✎ 논술문항

　　수영에서 극적인 발상의 전환으로 인간한계를 뛰어넘는 기록이 속출했다. 텍스 로버트슨(미국)이 '플립 턴'(flip turn) 역영법을 개발하면서 기록이 비약적으로 향상됐다. 이 기법은 턴 지점 1m 정도를 남겨두고 몸을 뒤집어서 발로 터치하는 기술이다. 그는 자신의 수제자 아돌프 키에프에게 이를 가르쳤고, 플립턴으로 무장한 키에프는 16세 때인 1935년 배영 100야드(91.44m) 부분에서 58초5를 기록, 사상 처음으로 1분 벽을 넘어선데 이어 이듬해 베를린올림픽에서도 정상에 올랐다. 플립 턴 역영법이 나오기 이전까지 선수들은 손으로 벽을 짚고 턴을 해 가속도를 전혀 살리지 못했다. 그러나 키에프는 턴 지점 앞에서 몸을 180도 회전시켜 손이 아닌 발로 턴하는 방식을 사용한 것이다. 이후 플립 턴은 하나의 '상식'이 됐다.

〈출처: 한국일보, 2010. 01. 27〉

❶ 아돌프 키에프 이전의 선수들은 왜 모두 손으로 벽을 짚고 턴을 했을까요?

별도의 논술 답안지에 작성하시오

❷ 우리 주변(가정, 학교, 사회)을 돌아보고, 평소 불편했거나 바뀌었으면 하는 점들을 찾아 구체적으로 서술하시오.

별도의 논술 답안지에 작성하시오

선택형 문제로 두 문항 중 한 문항을 선택하여 질문에 답하시오.

3-1 내가 찾은 문제점에 대한 해결방법을 제시하고, 그 해결 방법은 우리 주변(가정, 학교, 사회)에 어떤 변화를 가져올 수 있을지 구체적으로 정리해보시오.

별도의 논술 답안지에 작성하시오

3-2 변화를 시도하는 나의 행동에 방해를 주는 요인은 무엇이며, 이것을 극복할 수 있는 방법은 무엇이 있는지 서술하시오.

별도의 논술 답안지에 작성하시오

깊이 있는 문제의 접근을 위한 사전 활동

- **1차시 모둠활동**

  4~5인 1조로 모둠을 구성한다.

  모둠원과 함께 제시문을 읽고, 다음의 생각할 문제에 대해 토의를 진행한다.

  1. 새로운 도전을 할 때 아돌프 키에프는 어떤 마음이었을까?
  2. 텍스 로버트슨은 새로운 플립 턴 방식을 처음부터 쉽게 성공할 수 있었을까?
  3. 플립 턴 이외에 스포츠에서 상상력을 기반으로 하는 다른 창의적인 도전에는 어떤 것이 있을까?
  4. 우리 주변에서 플립 턴처럼 새로운 도전을 통해 우리의 삶을 이롭게 한 산물에는 어떤 것들이 있을까?

- **2차시 논술평가**

  모둠활동 후 생각해 볼 문제(논술형 평가 문항)를 사전에 제시하여 순간적인 아이디어보다는 충분히 생각할 시간을 줌으로써 확산적 사고로 변화할 수 있는 과정이 필요하다. 심사숙고 후에 사전 제시된 문제에 대해 논술형 평가를 실시한다.

1. 어떤 문제나 상황이 발생했을 때 하나의 정답을 찾아가려는 경향을 가진 수렴적 사고, 관습적 행동에 관련한 물음이다.

2. 일상의 삶 속에서 상상력을 기르기 위해 필요한 흥미유발 단계에 관한 물음이다. 어떤 문제에 대해 새로운 해결책이나 새로운 방법을 찾기 위해서 필요한, 주변을 돌아보는 능력에 관해 평가하고자 한다. 평소 생활하거나 활용하는 시설과 공간에 대한 불편함을 줄이기 위한 방법이나, 시설과 공간을 재구성 한다는 프로젝트를 진행한다고 가정하고, 그 속에 담아야 할 다양한 아이디어와 고려해야 할 상황을 구체적으로 정리해 보려는 접근도 좋다.

3-1. 이전에 시도해 보지 않았던 여러 가능성을 고려하고 상상력을 발휘하여 열린 사고, 확산적 사고를 실행할 수 있는지를 유도하는 물음이다. 또한 자신의 상상력이 주변에 어떤 긍정적 변화를 가져올 수 있을지를 서술하는 능력을 파악하고자 한다.

3-2. 낯설고 어려운, 때로는 습관적으로 행해오던 생각들의 원인을 파악하고, 이를 극복하기 위한 다양한 방법에 대해 기술하면서 상상력을 발휘할 수 있는 가능성을 평가하는 물음이다.

1. 수렴적 사고, 관습적 사고를 정확하게 이해하였는가를 평가함.

2. 문제를 실질적인 자신의 삶 속으로 끌어들이는 능력을 평가함.

3-1. 제시된 조건에 맞게 글을 작성하였는가를 평가함.
   ① 자신이 찾은 문제점에 대해 구체적인 해결방법을 제시하고 있는가?
   ② 제시한 해결방법이 가져올 변화를 일관되게 기술하는가?

3-2. 제시된 조건에 맞게 글을 작성하였는가를 평가함.
   ① 자신의 행동에 방해를 주는 요인을 구체적으로 제시하고 있는가?
   ② 방해 요인을 극복할 수 있는 방법이 논리적이고 체계적으로 작성되는가?

Plus

스포츠 세상을 바꿔놓은 창의적인 시도들
• 육상 출발법: 크라우칭 스타트(미국의 토머스 버크)
• 육상 높이뛰기 배면뛰기: 포스베리 플립(미국의 딕 포스베리)
• 육상 멀리뛰기: 히치킥(hitch-kick)(미국의 칼 루이스)
• 빙상 쇼트트랙: 날 들이밀기(대한민국 전이경)

우리를 설레게 하는 도전

　　전기차 제조업체 테슬라와 민간 우주항공 사업체 스페이스X의 CEO 엘론 머스크는 그동안 우주 진출에 대한 야심찬 포부를 밝혀왔다. 대표적인 것이 2024년 화성 여행을 시작으로 50년 내에는 100만 명을 이주시키겠다는 '화성 이주 프로젝트'다. 머스크가 "화성 도시 건설에는 우리의 차세대 중량화물 탑재 우주선 '스타십(Starship)' 1000척이 필요하며, 약 20년의 시간이 걸릴 전망"이라고 밝혔다. 이와 함께 스타십 회당 발사비용과 발사시설 구상도 언급했다. (…중략…)

　　한편, NASA는 2024년 달 착륙 계획과 2033년까지 화성에 유인탐사선을 보낸다는 목표를 발표했다. 화성에 도시를 건설하기 위해서는 우선 직원을 현지에 파견할 필요가 있기 때문에, 현시점에서 머스크의 구상대로 화성에 자립형 도시가 건설되는 것은 빨라도 2050년 이후가 될 전망이다.

〈출처: 데일리포스트, 2019. 11. 08〉

Q 상상력을 기르기 위해서 필요한 습관은 무엇일까?

책을 마치며

『학교 체육의 놀라운 힘』은 체육교과와 연계할 수 있는 독서교육 프로그램입니다. 체육교과로는 처음 개발된 학습 자료이다보니 시행착오가 있을지 모르겠습니다만 오랜 연구와 토론을 거친 완성품이며, 개발자들은 두 가지 목표를 놓치지 않으려 애썼다는 점을 밝힙니다.

하나는 독서에 대한 중요성입니다. 우리 주변의 소위 선진교육을 추구하는 나라들의 독서교육 열풍은 참고할 만합니다. 영국은 학생과 학부모에게 책을 나눠주는 북 기프팅(book gifting) 운동을 전개하고 있고, 미국과 프랑스는 학교 독서교육을 강조하면서 '부모의 책 읽어주기 운동'을 전개하고 있습니다. 전 세계 교육경쟁력 1위인 핀란드는 독서교육을 학교 교육 안에서 활용하고자 토론 중심의 협동 수업을 전개하고 있습니다. 또한 일본은 학교에 독서지도사를 배치하고 있고, 덴마크는 학교 일과 중에 독서 시간을 의무적으로 배당하고 있습니다.

두 번째는 학교 체육의 중요성을 넘어 스포츠의 확장성을 이해하는 태도입니다. 월드컵이나 올림픽 같은 메가스포츠 이벤트가 아니더라도 사람들은 스포츠에 열광합니다. 그 이유는 무엇일까요? 삶에서 경험하는 성공, 환희, 좌절, 슬픔 등의 희노애락(喜怒愛樂)이 녹아있는 선수들의 인생 스토리가 감동을 주기 때문입니다. 학생들에게 공감을 불러 일으키는 방법 중 하나가 실화를 배경으로 한 스토리텔링입니다. 이는 마치 실화를 배경으로 한 영화가 사람들의 공감을 쉽게 불러일으키는 현상과 비슷할 것입니다. 본 책에서도 문제와 논술 문항을 통해 타인의 상황과 처지를 함께 느껴보는 공감력을 높이려 했습니다.

스포츠의 감동 스토리는 경기장 밖에서도 경험할 수 있습니다. 또한 직접 스포츠 활동에 참여하거나 관중석에 앉아 경기를 관람하는 것뿐만 아니라 영화로, 책으로, 심지어 미술관에서 작품을 감상하는 것으로 스포츠의 감동을 경험할 수 있습니다.

"So you're gonna quit yeah, you quit right now you're gonna quit in life."

"지금 그만두려고요? 지금 관두면 인생에서도 관두게 됩니다." 마이클 조던이 운동을 그만두려는 주인공에게 한 말입니다. 우리가 학생들에게 해주고 싶은 말이기도 합니다.

저자들은 각기 다른 장소에서 교사로 서 있지만, 체육수업이 늘 발전되기를 바라는 열정을 갖고 있고, 좋은 체육수업을 위하여 함께 연구회 활동을 하며 나눔을 실천해 왔습니다.

우리 학생들이 학교 체육을 통해, 스포츠 활동을 통해 경험한 수많은 가치들을 스스로 생각하고, 함께 토론하며, 공감하는 글쓰기로 표현할 수 있기를, 그리하여 바람직한 인격 형성의 목표를 달성하길 바랍니다.

- 내 아들이 내 수업에 참여한다면 난 무엇을 가르쳐주어야 할까? 이 책의 집필은 그 정답을 찾아가는 치열한 과정이었습니다. 아들아, 곧 책을 전해줄게!   ...이태구
- 스포츠를 통해 사회를 이해하고, 구성원과 함께 호흡하며, 건강하고 아름다운 사회를 만들어가는 행복한 학교의 모습을 그려봅니다.   ...정진영
- 스포츠! 하는 것을 넘어, 보고 느끼고 생각하며 찾은 소중한 삶의 보물들. 이 모든 것을 담았습니다. 이제는 우리 아이들과 함께 나눌 생각에 가슴이 벅차 오릅니다.   ...서광석
- 스포츠를 바라보는 통합적인 시각을 형성하고 함께 협력하는 과정 속에서 자연스레 역량을 함양하는데 도움이 될 수 있는 좋은 자양분으로서의 책이기를 소망합니다.   ...김소정
- 나의 성장을 위한 10가지 삶의 기술을 스포츠를 통해 이해를 높일 수 있었고, 학생들과 함께 나눌 수 있는 하나의 수업 보따리를 얻는 큰 기쁨을 누리게 되었습니다.   ...황용석
- 학창 시절 무용가를 꿈꾸며 대부분을 보냈고, 이 과정에서 삶의 기술 대부분을 체득했다는 것을 깨닫습니다. 그 기술들이 바로 이 책에 수록된 삶의 가치들이라는 것을! ...박은경
- 체육시간 학생들에게 올바른 가치와 정신을 실천하고자 노력했습니다. 이런 과정을 이 책에 하나하나 담았습니다.   ...이정석
- 스포츠로 함께하는 시간이 단순한 경험을 넘어 전인적 성장으로 이어지길 기대합니다. 이 책이 제시하는 방법과 질문들이 그 과정에 조금이라도 도움이 되길 바랍니다.   ...이용진